Erfolg im Vorstellungsgespräch

74 Fragen und Antworten zu Ihrer Vorbereitung

Michael Felske

IMPRESSUM

Bibliografische Information der Deutschen Nationalbibliothek: Die Deutsche Nationalbibliothek verzeichnet diese Publikation in der Deutschen Nationalbibliografie; detaillierte bibliografische Daten sind im Internet über http://dnb.dnb.de abrufbar.

© 2023 Michael Felske

Titelfoto: Michael Felske

Herstellung und Verlag: BoD – Books on Demand, Norderstedt

ISBN: 978-3-734742552

INHALTSVERZEICHNIS

0.0	Vorwort	7
1.0	Etappensieg: Das Vorstellungsgespräch	8
2.0	Vorbereitungen	8
3.0	Übliche Fragen	12
3.1	Allgemeine Fragen	14
3.2	Persönliche Fragen – Verhaltensfragen	47
3.3	Frauen stellt man gerne folgende Fragen	60
3.4	Fragen für Selbstständige	65
3.5	Fragen zum Abschied	67
4.0	Raum für eigene Notizen	72
5.0	Wie werten Personaler das Gespräch aus?	74
6.0	Drei Tage später nachfassen	78
7.0	Einladung zum zweiten Termin	82
8.0	Hier stehen meine Stärken für DEN Job	85
9.0	Vorstellungsgespräch im Restaurant	86
10	Vorstellungsgespräch zu Hause	89
11.	Haftungsausschluss	92

VORWORT

„Wer sich nicht vorbereitet, der bereitet das Scheitern vor", lautet ein geflügeltes Wort von Hesse & Schrader und sie treffen mit diesen Worten voll ins Schwarze. Damit Ihnen das nicht passiert, habe ich für Sie Fragen und Antworten zusammengetragen, die in Ihrem nächsten Gespräch vorkommen können. Die hier verwendeten Antworten sind mögliche Antworten. Es Ihre Pflicht diese auf Sie selbst zuzuschneiden. Das macht das Gespräch dann zum persönlichen und authentischen Gespräch. Wie Sie wissen, spielt Authentizität auf dem Weg zu Erfolg eine gewaltige Rolle.

Meine Bitte an Sie: Trainieren Sie mit diesem Taschenbüchlein in der Hand Antworten auf diese Fragen. Und bitte nicht nur einmal sondern zehn- oder zwanzigmal. Aus Wiederholung wird Gewohnheit und aus Gewohnheit wird Erfolg! Den wünscht Ihnen

Michael Felske

1.0 ETAPPENSIEG: VORSTELLUNGSGESPRÄCH

Endlich: Die E-Mail oder der Brief sind angekommen. Jetzt sind Sie zum Vorstellungsgespräch eingeladen. Das ist tatsächlich ein Etappensieg, denn nun wissen Sie, dass Ihre schriftlichen Bewerbungsunterlagen ihren Zweck erfüllt haben. Der Personaler oder der Chef ist auf Sie aufmerksam geworden. Oder besser formuliert: Die Entscheider im Unternehmen sind auf Sie jetzt richtig neugierig und wollen unbedingt mehr von Ihnen wissen, weil Sie glauben (nicht wissen), dass Sie möglich-erweise für den Job passen und der oder die Richtige sind.

2.0 VORBEREITUNGEN

Ein optimales Vorstellungsgespräch muss auch wirksam und sorgfältig vorbereitet werden.

On Top Ihrer Vorbereitungen steht die Pflicht sich über das jeweilige Unternehmen zu informieren. Und zwar richtig gut und umfassend. Eigentlich sollte ich annehmen, dass Sie dies bereits im Vorfeld Ihrer schriftlichen Bewerbung erledigt haben. Aller-dings habe ich das Gegenteil sehr oft erlebt und weise Sie hier an dieser Stelle des Bewerbungsprozesses nochmals aus gutem Grund darauf hin.

Dazu eine kleine Geschichte, die ich Mitte der 90er Jahre selbst erleben durfte (musste!): Ein Verband beschäftigte sich mit der Integration von schwer erziehbaren Jugendlichen. Das Konzept sah einen sechsmonatigen Aufenthalt an Bord eines Segelschiffes vor. Darauf folgte ein halbes Jahr in einer Werft in Südspanien. In dieser Zeit sollten die jungen Menschen das Schiff wieder flott für den nächsten Törn machen und dabei ihr handwerkliches Geschick aufpolieren. Für diesen Job hätte ich alles getan! Ein Bekannter empfahl mich dem Vorsitzenden des Verbandes, der wiederum holte In-formationen über mich ein, rief an und lud mich zum Vorstellungsgespräch ein. Dies sollte nur der Form halber durchgeführt werden. Es war allen Beteiligten klar, dass ich der neue Mitarbeiter wer-de. Das Gespräch verlief die ersten fünf Minuten wirklich prima bis zu dem Moment, in dem mich der Boss fragte „Haben Sie sich schon einmal unsere Homepage angeschaut?"

Mitte der 90er Jahre hatten in der BRD 100.000 Menschen Zugang zum Internet, eigene Webseiten waren damals noch etwas ganz Besonderes. Ich stand völlig dumm da, weil ich die Frage verneinen musste. Der Vorsitzende lehnte sich sofort zurück, bedauerte dies sehr und nach weiteren belanglosen Themen war das Gespräch vorbei. Dieser Job ist mir an der Nase vorbeigeschossen, weil ich nicht auf diese Idee gekommen bin. Selbst zu damaligen Verhältnissen wäre es meine absolute Pflicht gewesen mich auch im Internet zu informieren.

Aus diesem Grunde: Lesen Sie die Homepage der Firma Ihrer Wahl, dann passiert Ihnen nicht das, was mir passiert ist. Meine Botschaft damals war: „Ihr Verband ist mir nicht besonders wichtig. Und der Job eigentlich auch nicht!"

Neben den vorbereitenden Informationen über das Unternehmen sollten Sie auch einmal im Impressum nachschauen. Dort erfahren Sie die Anschrift und Sie überlegen flugs, wie Sie zum Gespräch kommen können. Direkte Anfahrtsmöglichkeit mit dem Auto vermittelt Ihnen jeder Routenplaner. Für Sie ist die erforderliche Fahrtzeit wichtig. Schlagen Sie auf die Routenplanerangaben 100 Prozent drauf und Sie sind garantiert pünktlich. Nutzen Sie öffentliche Verkehrsmittel, dann kalkulieren Sie nicht zu knapp. Eben gerade hatte mein Zug nach Hamburg zehn Minuten Verspätung – Der Anschlussbus wartet nicht...

Über Ihre Bekleidung am Tag des Vorstellungstermins denken Sie bitte rechtzeitig nach. Vielleicht hängt das Sakko oder das Kostüm noch auf dem Bügel in der Reinigung. Legen Sie sich alle zurecht und überlegen Sie wohl, was Sie anziehen möchten. Der Mechatroniker, der sich in der Kfz-Werkstatt vorstellt, muss nicht unbedingt im Anzug erscheinen (Wollen Sie unseren Laden kaufen?). Bei ihm reichen ordentliche Stoffhose und Oberhemd mit Kra-watte, dazu eine Stoff- oder

Lederjacke. Völlig out sollten bedruckte Sweat-Shirts bei Ihnen sein. Das betrifft nicht nur Bekleidung, sondern auch Taschen aller Art. Schließlich sind Sie ja kein Werbeträger, sondern vielleicht der hochqualifizierte Mitarbeiter, der nicht durch Fremdbotschaften von sich ablenken will. Anders sieht es bei der Bürokauffrau aus. Diese Damen können getrost im Kostüm mit dezentem Schmuck erscheinen. Die Bürokaufmänner tragen Anzug. Insgesamt kann man behaupten, die Bekleidung sollte den Umständen und dem Be-trieb nach angemessen und nicht overstyled sein. Für den gesamten Businessbereich gilt Anzug oder Kostüm.

Fahrtzeiten und Bekleidung sind geklärt. Was noch fehlt ist die eigentliche Gesprächsvorbereitung. Da Sie am Vortag rechtzeitig schlafen gegangen sind, keine mit Knoblauch gewürzten Speisen zu sich genommen haben und auch rechtzeitig aufgestanden sind, haben Sie noch etwas Zeit um sich einige Fragen, die Sie im Gesprächsverlauf gerne beantwortet haben wollen aufzuschreiben. Ohnehin kommt im Gespräch die Frage „Haben Sie noch Fragen?" Ja, Sie haben immer noch Fragen. Denn wer keine hat, der ist nicht wirklich am Job interessiert. Besser ist, Sie schreiben die Fragen auf ein Blatt Papier. Dies können Sie vor Gesprächsbeginn und vor Betreten des Firmengeländes noch ein-mal zur Hand nehmen und sich so auf das Gespräch bestens vorbereiten. Im Gespräch hat der schriftliche Fragenkatalog nichts zu suchen. Sie haben alles Fragen im Kopf. Idealerweise nutzen Sie die Antworten aus dem kommenden Kapitel auch zur Vorbereitung.

3.0 ÜBLICHE FRAGEN

Gewiss kennen Sie mittlerweile meine Denkweise in Sachen Bewerbungsprozess.

Das Vorstellungsgespräch ist die wahre Königsklasse des gesamten Verfahrens. Hier können und müssen Sie Qualität abliefern und alle nur erdenklichen Pluspunkte sammeln. Um herauszubekommen, ob Sie genau der oder die Richtige für den ausgeschriebenen Job sind, müssen sich die Personaler mit Ihnen unterhalten. Nur so können sie etwas über Sie er-fahren.

„Handwerker müssen nicht reden", erklärte mir vor einigen Monaten eine Bewerberin. Dabei nuschelte sie auch noch. Nach einigen Kurstagen und vergeblichen Vorstellungsgesprächen besann sie sich schnell und kam zu einer vernünftigen Überzeugung. Dann, erst dann, nach zahlreichen vergebenen Chancen, begann sie zu üben und lief recht schnell zur Meisterklasse auf.

Überhaupt: Wenn Sie glauben, dass freies Reden nichts für Sie sei, dann kann ich hier nur mit den Worten aus einer Unterhaltungssendung antworten: „Wo die Angst ist, da ist das Ziel" hieß es. Das waren Worte eines Eislauftrainers zu seiner Sportlerin, die wegen eines

Unfalls Angst hatte, wieder hinaus auf das Eis zu gehen. Nur wenn Sie von sich erzählen, können andere einen Eindruck bekommen. Erzählen Sie das, was gut für Sie ist und Plus-punkte einbringt, dann haben Sie es sicherlich geschafft. Die nachfolgenden Fragen sind ein Ausschnitt aus insgesamt mehr als 300 möglichen Fragen, die Ihnen im Vorstellungsgespräch gestellt werden können. Für diese Publikation habe ich die wichtigsten zusammengestellt. Tipp: Bereiten Sie sich mit dem nachfolgenden Text optimal auf Ihr kommendes Bewerbungsgespräch vor. Lesen Sie Fragen und Antworten mehr als einmal durch. Suchen Sie dabei vor allem auch nach individuellen Antworten. Meine Musterantworten können, müssen aber nicht für Sie passen. Nach den Fragen erläutere ich Ihnen zuerst den Sinn der jeweiligen Frage, damit Sie besser verstehen, was die Personaler überhaupt erfahren möchten. Diese Erläuterung trägt auch sehr gut dazu bei, auf Sie zugeschnittene Antworten zu finden.

3.1 ALLGEMEINE FRAGEN

1. *„Warum haben sie sich ausgerechnet für unser Unternehmen entschieden?"*

Wie wichtig ist Ihnen der Arbeitsplatz bei uns? Wie wichtig ist Ihnen unser Unternehmen? Diese beiden Fragen verstecken sich hinter der gestellten Frage und Sie brauchen beste Argumente. Hilf-reich ist Ihnen hier Ihre gute Vorbereitung:

„Ich habe mich umfassend informiert. Im Internet und bei ehemaligen Kollegen und Bekannten. Diese Informationen haben mir gezeigt, dass Ihr Unter-nehmen bestens zu meinem Profil passt und umgekehrt natürlich auch. Hier bei Ihnen verspreche ich mir ein Entwicklungspotential, das meinem Ehrgeiz und meiner Motivation zur Leistung optimal entspricht."

2. *„Wie ist es eigentlich zu Ihrer Bewerbung gekommen?"*

Warum wollen Sie gerade bei uns arbeiten? Wie wichtig ist Ihnen der Arbeitsplatz bei uns? Wie wichtig ist Ihnen unser Unternehmen? Was für Be-weggründe haben Sie zu der Bewerbung bei uns veranlasst? Ähnlich wie bei der Frage zuvor verstecken sich hinter der gestellten Frage ähnliche wie die angegebenen. Sie brauchen plausible und sehr gute Argumente. Hilfreich ist Ihnen hier Ihre gute Vorbereitung:

„Ich habe mich umfassend informiert. Im Internet und bei ehemaligen Kollegen und Bekannten. Ich weiß genau, was ich will. Die von mir recherchierten Informationen haben gezeigt, dass Ihr Unter-nehmen und die ausgeschriebene Stelle prima zu meinem beruflichen und persönlichem Profil passt und umgekehrt natürlich auch. Hier bei Ihnen verspreche ich mir ein Entwicklungspotential auch für die Zukunft, das meinem Ehrgeiz und meiner hohen Motivation zur Leistung optimal entspricht."

3. „Was qualifiziert Sie Ihrer Meinung nach für diese Stelle besonders?"

Eine gezielte Abfrage Ihrer Kompetenzen und Ihres Selbsteinschätzung derselben lauert hinter dieser Frage. Sie lesen gleich eine Musterantwort für Außendienstler und Verkäufer. Antworten Sie prompt entsprechend Ihrem eigenen Berufsbild:

„Nach meinen eingeholten Informationen über Ihr Unternehmen und die angestrebte Position bin ich der festen Überzeugung, dass meine Fähigkeiten, insbesondere die effektive Kundenberatung, hohe Abschlusssicherheit und mein unternehmerisches Denken im Verbund mit ausgeprägter Kommunikativität genau hier gefragt sind. Die

Schnittmenge zwischen meinem und dem Stellenprofil ist äußerst hoch."

4. „Was sind Ihre Erwartungen an die neue Stelle?"

Hier werden zum einen Ihre zukünftigen Pläne abgefragt. Andererseits geht es aber auch um die Überprüfung Ihrer Einschätzung der ausgeschriebenen Stelle im Zusammenspiel mit Ihren Qualitäten, Fähigkeiten und Fertigkeiten. Eine mögliche Antwort:

„Meine umfangreichen Erfahrungen aus meiner beruflichen Biografie werde ich in der angebotenen Position bestimmt optimal einbringen können. Ich erwarte eine Tätigkeit, die mich entsprechend meiner Qualitäten fordert. Andererseits möchte ich mich auch weiter entwickeln, dazu lernen und Karriere machen. All diese Punkte sind für mich wesentlich. Weil ich mir sicher bin, dass diese von der neuen Stelle erfüllt werden, habe ich mich bei Ihnen be-worben."

5. „Was reizt Sie an der von uns ausgeschriebenen Stelle?"

Ihr Interesse an der ausgeschriebenen Stelle wird hier ebenso hinterfragt wie Ihre fachliche Ein-schätzung der Dinge, die in dieser Position auf Sie zukommen werden. Bedingung für eine feine Ant-wort ist beste Information über den Betrieb und die Tätigkeit. Informationen aus einer Stellenanzeige können hier nur der Einstieg sein. Nur gut informiert können Sie an dieser Stelle auch über-zeugen. Eine mögliche Antwort kann diese sein:

„Insbesondere die Akquise von Neukunden fällt mir auf Grund meiner kommunikativen Kompetenz und Freude bei der Arbeit mit Kommunikationsmitteln leicht. Insbesondere am Telefon bin ich bestens ausgebildet. Gerade das dürfte bei der ausgeschriebenen Stelle von Bedeutung sein. Das ist es, was mich reizt."

6. „Warum wollen Sie gerade bei uns arbeiten?"

Hier geht es um das Unternehmen an sich. Auch an dieser Stelle können Ihnen gute Vorbereitungen bei der Antwort hilfreich sein:

„Ich kenne die Branche recht gut. Es gibt viele Firmen, die in diesem Bereich tätig sind. Meinen Informationen zufolge zählt Ihr Traditionsunternehmen zu den erfolgreichsten. Das überzeugt mich. Außerdem planen Sie Expansionen in den asiatischen Raum. Meine ausgezeichneten Japanischkenntnisse sind hier bestimmt von Vorteil."

7. „Warum wollen Sie den Arbeitsplatz wechseln?"

Wie lange bleiben Sie bei uns? Was garantiert mir, dass Sie nicht auch bei uns schnell wieder zum Wechsler werden? Fragen wie diese stecken zusätzlich hinter dieser Formulierung. Verzeichnet Ihr Lebenslauf viele unterschiedliche Beschäftigungsverhältnisse, wird Ihnen hier unterstellt, Sie seien ein Job-Hopper, eben einer, der häufig „von Ast zu Ästchen" wechselt. Kommunizieren Sie intelligente Gründe:

„Berufliche Weiterentwicklung ist für mich der Hauptgrund für eine Veränderung. Ich möchte noch viel mehr erreichen und bin vor allem auch an einer Leitungsposition interessiert. Dies ist in meiner alten Firma nicht möglich. In Ihrem Unter-nehmen schimmern diesbezüglich erheblich bessere Perspektiven."

8. „Warum geben Sie ihren aktuellen Job auf?"

Ähnlich wie bei der Frage oben brauchen Sie gute Gründe. Zu kleines Gehalt oder Mobbing dürfen Sie niemals nennen. Ansonsten besteht die gleiche Möglichkeit:

„Berufliche Weiterentwicklung ist für mich der Hauptgrund für eine Veränderung. Ich möchte noch viel mehr erreichen und bin vor allem auch an einer Leitungsposition interessiert. Dies ist in meiner alten

Firma nicht möglich. In Ihrem Unternehmen schimmern diesbezüglich erheblich bessere Perspektiven."

9. „Warum meinen Sie, dass Sie in der aktuellen Position keine Chancen mehr haben?"

Antworten können Sie hier sinngemäß vergleichbar wie auf die vorherige Frage.

10. „Was sind handfeste Gründe für Ihre Unzufriedenheit im jetzigen Job?"

Nennen Sie die Gründe oder bringen Sie Argumente, die positiven Aspekte des Unternehmens herausstellen, bei dem Sie sich gerade bewerben.

11. „Was genau denken Sie, ist in unserem Unternehmen anders?"

Hier ist wieder das genaue Ausmaß Ihrer Informationen über das Unternehmen gefragt. Eine mögliche Musterantwort:

„Ich habe mich ja ausgiebig über Ihr Unternehmen informiert. Als ich im Internet las, dass Sie Ihr Angebot auch auf den süddeutschen Raum erweitern wollen, da war für mich völlig klar, dass ich Ihnen meine

Bewerbungsunterlagen zusende. Denn da will ich mit dabei sein. Expansion und Fortschritt finde ich spannend. Das ist meine Welt."

12. *„Was erwarten Sie von Ihren Vorgesetzten?"*

Haben Sie sich schon einmal Gedanken gemacht, was einen guten Vorgesetzten ausmacht? Nein? Das sollten Sie aber unbedingt einmal tun. Denn bei dieser Frage im Vorstellungsgespräch brauchen Sie genau diese Ihre Meinung und Überzeugung. Vielleicht hilft Ihnen das weiter:

„Ein Vorgesetzter muss aus meiner Sicht ein gutes Gespür und ein Händchen für den Umgang mit Menschen haben. Seine Führungsqualitäten müssen ebenso ausgeprägt sein wie seine fachlichen Ressourcen, die er in seiner Vorbildfunktion zur Motivation und als Ansporn seiner Mitarbeiter nutzen sollte."

13. *„Was bringen Sie unserer Firma?"*

Wie ist Ihr Selbstbild von Ihren fachlichen und sozialen Qualitäten? Hier müssen Sie punkten, denn diese Frage lautet auch: Warum sollten wir Ihnen Geld geben? Oder einfach nur Warum sollten wir Sie einstellen?

Antworten Sie:

„Umfangreiche Berufserfahrung, ausgeprägtes Qualitätsbewusstsein und hohe Leistungsbereitschaft kennzeichnen meine bisherige Art zu arbeiten. Effizienz und Umsatzorientierung kennzeichnen meinen Arbeitsstil. So sorge ich für positive Ergebnisse. Ist es nicht genau das, was Sie wünschen?"

14. „Wie flexibel sind Sie bezüglich Belastbarkeit/Überstunden/Wochenendarbeit?"

Das ist die Frage nach der Höhe Ihrer persönlichen Einsatzbereitschaft. Hier empfiehlt sich eine ehrliche Antwort. Wenn Sie keine Wochenendarbeit leisten können, weil Sie z.B. Ihre Kinder betreuen müssen, dann reden Sie darüber. Schön und natürlich völlig im Sinne des Unternehmens ist es, wenn Sie antworten:

„Meine große Belastbarkeit habe ich in meiner beruflichen Vergangenheit ständig unter Beweis stellen können. Überstunden bringen den jeweiligen Auftrag voran und wenn Wochenendarbeit angesagt ist, dann bin ich mit dabei. Das war früher im Unternehmen XXX auch so."

15. „Was genau sind Ihre Stärken und Schwächen?"

Hier kommt sie endlich, die Killerfrage Nummer 1! Antworten müssen Sie und das auch noch prompt. Denn nur dann zeigen Sie, dass Sie sich auch gut über sich selbst informiert haben. Aber auch diese Antwort ist nicht wirklich ein riesiges Problem. Ihre Stärken kennen Sie ja bereits, denn zum Teil stehen diese ja in Ihrem Anschreiben. Stapeln Sie noch einige drauf und fertig ist die Antwort. Einige Stichworte für mögliche Stärken möchte ich Ihnen dennoch geben:

„Planvolle Organisation, qualitätsbewusstes Arbeiten, Freude im Team Ziele zu erreichen, kundenorientierte Beratung, Abschlusssicherheit, Freude am Verkaufen, Umsatzbewusstsein, Instinkt für Kundenwünsche, Einfühlsame Kundenberatung, freundliche Telefonstimme, Gespür für Kundenbedürfnisse, Präzision bei der Arbeit, Professionalität, Organisationstalent, Mit Freude Dinge bewegen, Verantwortungsbewusstes Arbeiten, Souveräner Umgang mit PC, Aufgeschlossenheit für Weiterbildung, rasche Auffassungsgabe und Freude am Umgang mit Menschen" können Stärken sein, die mit Ihnen zu tun haben und die Sie nennen können.

Völlig anders sieht es bei Schwächen aus. Diese könnte ich Ihnen auch nennen, allerdings nur, wenn wir mehrere Beratungsgespräche durchgeführt hätten. Haben wir aber nicht, folglich versuche ich hier in dieser Angelegenheit eine Art Fernheilung:

Denken Sie sich einige (1-2) Schwächen aus, die glaubwürdig sind, Sie aber dennoch positiv dar-stellen. Möglich ist folgendes:

„Oftmals muss ich meine Ungeduld im Zaum halten. Wenn ich etwas erreichen will, dann kann ich es meistens kaum abwarten, endlich das Ergebnis zu sehen. Ich gehe eben zielbewusst an meine Aufgaben heran."

Was passiert hier? Ungeduld wird als Schwäche angegeben. Am Ende des Vortrages tauchen aber die Begriffe Zielbewusstsein und ergebnisorientiertes Arbeiten auf. Beides sind durchweg positive Eigenschaften. Die bringen Ihnen Pluspunkte!

16. „Was wissen Sie über unser Unternehmen?"

Gezielt gefragt wird hier, ob Sie überhaupt gut vorbereitet sind. Die Folgen schlechter Vorbereitung habe ich Ihnen an anderer Stelle mit einem persönlichen Beispiel bereits geschildert. Sie er-zählen als Antwort alles, was Sie über das Unter-nehmen herausgefunden haben und loben dabei. Ungefähr so können Sie die Antwort einleiten:

„Wirklich spannend war es über Ihr Unternehmen zu recherchieren. Insbesondere die Geschäftsentwicklung der vergangenen zehn Jahre hat mich besonders beeindruckt..."

17. „Wie gut kennen Sie unsere Produkte und Dienstleistungen?"

Analog zur Frage zuvor antworten Sie mit allen Argumenten und Fakten, die Sie bei Ihren Recherchen über das Unternehmen Ihrer Wahl zusammengetragen haben. Gibt es Produkte, die Ihnen bekannt sind, dann erzählen Sie von den Vorzügen. Kennen Sie Menschen, die positive Erfahrungen mit den besonderen Dienstleistungen gemacht haben, loben Sie mit dieser Geschichte die Leistungen des Unternehmens.

18. „Kennen Sie Mitarbeiter unseres Unternehmens?"

Falls ja, dann antworten Sie dementsprechend ehrlich. Vorsicht ist geboten, wenn es sich um ehemalige Mitarbeiter handelt. Von diesen sollten Sie nur dann berichten, wenn diese nicht gekündigt wurden. Für Sie stellt es sich als positiv dar, wenn Sie die Unterhaltung mit Betriebsangehörigen als Vorabrecherche und Informationsbeschaffung darstellen können.

„Ja, bei meinen Recherchen habe ich eine Mitarbeiterin kennen gelernt. Diese hat mir vieles über die Anforderungen der ausgeschriebenen Stelle berichtet."

19. „Welche Informationen haben Sie von denen erhalten?"

Siehe oben. Sie erzählen nur Positives! Negative Erfahrungen Dritter sind nicht Ihr Business und gehören wirklich nicht in Ihr Vorstellungsgespräch.

20. „Warum haben Sie sich bei uns beworben?"

Hier gibt es nur eine logische Antwort:

„Weil ich mir sicher bin, dass die ausgeschriebene Stelle exakt zu meinem Bewerberprofil, meinen Fähigkeiten und Kompetenzen passt. Das war ausschlaggebend für meine Bewerbung in Ihrem Hause."

21. „Welches sind aus Ihrer Sicht die Vor- und Nachteile des von uns ausgeschriebenen Arbeitsplatzes?"

Vorteile für Sie kennen Sie bereits, weil Sie sich informiert haben. Gefragt wird aber auch nach den Nachteilen. Nennenswert sein kann hier ein lediglich befristeter Vertrag z.B. wegen einer Schwangerschaftsvertretung o.ä. Weitere Nachteile schließen Sie gänzlich aus, sonst hätten Sie sich ja auch nicht beworben.

22. „Wo haben Sie sich noch beworben?"

Bewerbungen bei anderen Unternehmen sind nicht Ihr Thema. Genau und nur das Unternehmen ist der absolute Star in Ihrem Bewerbungsgeschäft:

„Als ich Ihre Stellenanzeige vor einer Woche las, war mir klar: Sie suchen genau mich. Weil ich auf der Suche nach einem passenden Unternehmen bin, kann ich mich ja nicht in der gesamten Branche bewerben. Derzeit habe ich keine weitere Bewerbung laufen."

23. „Gibt es bei diesen Bewerbungen schon konkrete Ergebnisse?"

Siehe oben.

24. „Warum sollten wir ausgerechnet Sie einstellen?"

Die Antwort kann nur lauten: „Weil ich der Richtige bin!" Allerdings müssen Sie diesen Satz in andere Vokabeln umformulieren:

„Meine Fähigkeiten und Kompetenzen passen genau zum Stellenprofil. Mein Wunsch nach fachlicher und persönlicher Weiterentwicklung passt zu den Expansionsplänen und Streben nach Umsatzwachstum Ihres Unternehmens. Gemeinsam können wir Dinge erfolgreich voranbringen. Das will ich."

25. „Was reizt Sie an der neuen Aufgabe?"

Siehe oben. Anreichern können Sie Ihre optimale Antwort noch mit wesentlichen und wichtigen Fakten Ihrer Recherchen über das Stellenprofil des Unternehmens.

26. „Warum haben Sie genau diesen Beruf erlernt?"

Jedes Unternehmen wünscht sich Mitarbeiter, die mit Leib und Seele in ihrem Beruf tätig sind und so optimale Arbeitsergebnisse abliefern. In diesem Sinn ist es prima, wenn Sie berichten können, dass Ihre Berufswahl nicht einfach aus einer Laune heraus entstanden ist oder der Ausbildungsvertrag eine glückliche Fügung durch verwandtschaftliche Beziehungen war. Begeistern Sie mit einer Antwort, die zeigt, dass Sie förmlich für Ihren Beruf „brennen":

„Vor der Entscheidung habe ich viele Informationen über unterschiedliche Berufe eingeholt. Ich habe verschiedene Praktika absolviert und dabei mit vielen Menschen gesprochen. Gespürt habe ich dabei, dass der Umgang mit Kunden für mich die absolut perfekte Herausforderung ist. Hier konnte ich schon als Praktikant einige Erfolge verzeichnen. So stellte sich rasch heraus, dass eine Ausbildung im Einzelhandel für mich genau das Richtige ist. Nun bin ich mit Leib und Seele Verkaufsleiter und liebe meinen Job sehr. Ich lebe den Dienstleistungsgedanken."

27. „Warum üben Sie Ihren Beruf gerne aus?"

Siehe oben.

28. „Schauen Sie auf Ihre berufliche Biografie: Worauf sind Sie besonders stolz?"

Eitelkeit und Ehrgeiz werden mit dieser Frage angesprochen. Tappen Sie nicht in die Überheblichkeitsfalle. Bleiben Sie bei der Antwort völlig sachlich und erzählen Sie, was toll war. Dies kann z.B. eine Neuerung und eine Erfindung sein, die Ihrer Kreativität zu verdanken ist. Oder eine abgeschlossene weitere Berufsausbildung während der Berufstätigkeit oder einfach nur ein Erfolg bei der alltäglichen „Jagd" im Geschäftsalltag:

„Neben meiner Berufstätigkeit habe ich den Abschluss als Betriebswirt gemacht. Trotz Familie und Vollzeitbeschäftigung. Weiterbildung und Entwicklung sind mir sehr wichtig. Deshalb bin ich darauf stolz."

29. „Welches waren Ihre größten beruflichen Misserfolge?"

Hier möchte Ihr Gesprächspartner herausfinden, was bei Ihnen schon alles schiefgelaufen ist. Gibt es wirklich einen erheblichen Misserfolg? Fragen Sie sich, ob Sie diesen überhaupt erzählen wollen. Aus meiner Sicht kommt hier folgender Tipp: Lassen Sie lieber die Finger davon! Besonders interessant ist bei dieser Frage vor allem die Tatsache, dass der Plural (Ihre Misserfolge) abgefragt ist. Fragen Sie sich selbst: Würden Sie jemanden einstellen, der Ihnen gleich mehrere Misserfolge serviert? Sicherlich nicht. Eine mögliche Antwort kann folglich so lauten:

„Mit gleich mehreren Misserfolgen kann ich hier nicht aufwarten. Wenn etwas nicht auf Anhieb wie geplant geklappt hat, dann habe ich mit Fachkenntnis und Überprüfung der Abläufe Sachverhalte neu aufgestellt. Dann stellte sich der Erfolg auch ein."

30. „Erzählen Sie mir etwas über sich und Ihre Person."

Hier ist sie gefragt, die eingedampfte Story Ihres beruflichen Lebens. Und es gibt aus meiner beruflichen Erfahrung kaum etwas, was wichtiger ist, als die perfekte und prompte Antwort auf diese Frage. Gestellt werden kann sie Ihnen mal so eben auch am Telefon. Im gesamten Bewerbungsprozess lauert sie hinter jeder Ecke. Ihr Job ist völlig klar: Bereiten Sie sich nachhaltig vor und üben Sie die Antwort daheim vor dem Spiegel.

Nachfolgend einige Beispiele, die Ihnen den eigenen Weg zur Antwort auf diese Frage zeigen können:

Hausmeister

„Ich hatte eine schöne Kindheit mit Haus und Garten zum Spielen. Mein Vater hat mir allerdings auch gezeigt, welche Arbeiten und Tätigkeiten in einem Eigenheim so anfallen können. Er konfrontierte mich mit den vielfältigen Arbeiten, leitete mich an und motivierte mich ihm zu helfen. Ich war mit viel Freude dabei: Mit zehn Jahren habe ich schon den Rasen gemäht. Später kamen sogar auch kleinere Elektroarbeiten hinzu. Meinen Realschulabschluss absolvierte ich mit vorzüglichem Ergebnis in Mathematik. Dennoch war die handwerkliche Ausrichtung bei meiner Berufswahl entscheidend. Ich begann eine Lehre als Schiffsbauer bei der XXX-Werft. 20 Jahre habe ich erfolgreich mit Metall in allen Facetten und mit allen Methoden gearbeitet. Privat bastle ich auch mit Holz. Beide Materialien mag ich sehr. Nach der Auflösung der Werft nahm ich eine Tätigkeit als Hausmeister ins Visier und als neues Berufsziel. Hier wollte ich mein umfangreiches handwerkliches Geschick erfolgreich einbringen. So ergab sich das dann auch: Ich fand eine Stelle im Haus „XXX". Dort fühlte ich mich sehr wohl. Ich war zuständig für alles, was so anfällt in Haus und Garten. Gelegentlich sogar auch als Fahrer. Das ist meine jetzige berufliche Schiene, auf der ich bei Ihnen weiter auf Erfolgskurs steuern möchte. Deshalb freue ich mich über den heutigen Termin und über das Gespräch."

Verkäuferin

„Ich wollte schon immer Verkäuferin werden. Als kleines Mädchen besaß ich einen Kaufmannsladen und spielte immer damit. Die gesamte Verwandtschaft musste bei mir einkaufen. Nach der Schule absolvierte ich eine Ausbildung als Kauffrau im Einzelhandel und habe anschließend 25 Jahre im Beruf gearbeitet, Das hat mir stets Freude bereitet und Spaß gemacht. Besonders wichtig sind für mich der Kundenkontakt und freundliche Beratung. Teamarbeit steht bei mir ebenfalls ganz weit oben. Allein in einem Geschäft zu arbeiten, das kommt für mich nicht in Frage."

Frisör

„Früher hatte ich langes lockiges Haar. Als ich einmal bei Opa in den Ferien zu Gast war, wollte er mir unbedingt die Haare schneiden. Eines Tages war es dann so weit und kurzerhand waren meine Locken ab. Im Anschluss holte ich mir eine Schere und schnitt mir selbst auch noch die Haare nach. Dabei spürte ich, dass mir das ganz besondere Freude bereitete. Meine damalige Urlaubsfreundin musste am nächsten Tag als Modell herhalten. Übrigens: Ich konnte sie mit meinem Talent überzeugen. Die Frisur war O.K. Später, als es um meine Berufswahl ging, da machte ich im Vorfeld der Ausbildung ein Schnupperpraktikum in einem Frisörstudio. Daraus wurde dann, weil ich mit Freude bei der Sache war, ein unterschriebener Ausbildungs-vertrag. Nach der Ausbildung blieb ich weiter im Beruf. Ein bisschen Psychologie beim Kundenkontakt und fachliches Können- Zusammen ergibt das die Qualität, die mir wichtig ist. Der Beruf ist das, was ich damals wollte und was ich heute nach 30 Jahren immer noch von ganzem Herzen liebe. Meine betriebsbedingte Kündigung eröffnet mir hier bei Ihnen neue Perspektiven."

Fachverkäuferin Fleischwaren

„Ich wuchs in einem kleinen Dorf in der Nachbarschaft meiner Großeltern auf. Wegen meiner Ein-schulung mussten wir in die nächste Stadt umziehen. In den Ferien fuhr ich immer wieder liebend gerne zu meinen Großeltern. Die haben damals selbst geschlachtet und weil sie wussten, dass ich dies toll finde, legten sie die Termine in die Schulferien. So war ich immer dabei. Bei diesen Aktionen habe ich buchstäblich Blut geleckt. Alles um die Verarbeitung der Tiere, auch die Vorbereitungen und die anschließende Schlachtplatte hat mich brennend interessiert. Später beschloss ich, aus meiner Vorliebe einen Beruf zu machen. Ich fand einen Ausbildungsplatz zur Fachverkäuferin Fleischwaren. Aus dieser abgeschlossenen Ausbildung wurden insgesamt 37 Jahre Berufserfahrung, drei davon hier in XXX. In all den Jahren habe ich mich weitergebildet und finde, dass der Kundenumgang und die Beratung neben allen fachlichen Qualitäten das Wichtigste sind."

Fachlagerist

Mein Name ist XXX und bin XX Jahre alt. Nach der Schule habe ich eine Bäckerlehre gemacht. Dabei ist mir aufgefallen, dass ich Ordnung mag und Dinge gerne eingeordnet habe. Damals waren es die Regale in der Bäckerei. So bin ich ins Lagerfach gekommen. Mit der Bäckerlehre habe ich aufgehört und dann eine Ausbildung als Fachlagerist erfolgreich abgeschlossen.

Bei der Firma XXX war ich verantwortlich für Wareneingang und Qualitätskontrolle. Scannereinsatz, elegante und effektive Organisation, schlüssiges Packen ohne Extrawege: Das kann ich. Auch für die entsprechende Transportsicherheit bei der Verpackung zeichnete ich verantwortlich.

Später bei der Firma XXXX konnte ich mein Talent in der Kommissionierung einsetzen. Sehr gute Erfahrungen habe ich im Umgang mit Kartonware und sperrigem Gut. Rohre und Betonplatten, damit kann ich sehr gut umgehen. Überhaupt habe ich in meiner beruflichen Laufbahn eine große Vielfalt von Aufgaben erledigt.

Nun suche ich eine neue Aufgabe. Weil Sie für Ihr Lager einen Mitarbeiter suchen, der Dinge gerne bewegt, damit es richtig rund geht, habe ich mich bei Ihnen beworben….

Angehende Erzieherin

Mein Name ist XXX. Ich bin XX Jahre alt und habe ein Freiwilliges Soziales Jahr in einer Behinderteneinrichtung absolviert. Die Arbeit mit Menschen liegt mir: In meiner Freizeit arbeite ich als Trainerin einer Mädchen-Fußballmannschaft, leite einen Jugendclub und bin auch noch bei der Jugendfeuerwehr. Bei allen diesen ehrenamtlichen Tätigkeiten merke ich, dass ich beruflich im sozialpädagogischen Bereich auf dem richtigen Weg bin. Durch die Erfahrungen meiner Ehrenämter bin ich zum Entschluss gekommen, dass ich am liebsten mit Kindern arbeiten möchte. Privat habe ich stets auch einen guten Kontakt mit Kids. Darum bewerbe ich mich um den Ausbildungsplatz als sozialpädagogische Assistentin…

Restaurantfachfrau

Meinen ersten Beruf habe ich in der Landwirtschaft erlernt. Damals habe ich die Ausbildung als Agrotechnikerin erfolgreich abgeschlossen. Das hat mir prima gefallen und hatte damals sehr gute Perspektiven. Insbesondere durch mein anschließendes abgeschlossenes Studium zur Agraringenieurin hatte ich im Anschluss Möglichkeiten mehrere Jahre in der Pflanzenproduktion zu arbeiten. Über einen Zeitraum von fünf Jahren habe ich Kartoffeln gezüchtet und auch ein Forscherteam geleitet.

Nach der Wende war für mich eine Neuorientierung erforderlich. Ich absolvierte eine Umschulung zur Hotelfachfrau. Das war unheimlich spannend und interessant für mich. Die Schulleitung erkannte meine Motivation und mein fachliches Können: Ich wurde gebeten, als Dozentin im Hause tätig zu werden. Selbstverständlich habe ich gleich ja gesagt und im Anschluss für fünf Jahre als Dozentin in der Erwachsenenbildung für die Ausbildung und Umschulung zur Hotel- und Restaurantfachfrau gearbeitet. Ich erteilte Unterricht in Theorie und Praxis.

Nach meinem Umzug bin ich in die Praxis eingestiegen und habe zehn Jahre in einem Restaurant gearbeitet. In den ersten beiden Jahren habe ich auch im Bereich Housekeeping gearbeitet. Frühstücksservice und A-la-Carte waren meine Spezialität. Im Abendgeschäft habe ich auch große Erfahrungen. In Ihrem Betrieb war ich bereits einmal als Aushilfe im Einsatz. Nun möchte ich gerne in Vollzeit als qualitätsbewusste Angestellte bei Ihnen einsteigen….

Lageristin

Über einen Zeitraum von insgesamt 26 Jahren habe ich in einer Firma viele Abteilungen durchlaufen. Zuerst war ich Klammer-Girl und musste Klammern sortieren und kontrollieren. Nach einem Jahr stand ich am Packtisch und sorgte dort dafür, dass es rund geht. Als Vorarbeiterin war ich für die Arbeitsplanung verantwortlich und musste die Mitarbeiterinnen einteilen. Später kam ich endlich in das Lager. Übrigens: Da wollte ich immer schon hin. Dort durfte ich dann schienengebundene Flurförderfahrzeuge fahren und mit diesem Maschinen auf Paletten kommissionieren. Später lernte ich das Stapler fahren. Genauer gesagt das Fahren von Hochregalstaplern. Da war ich richtig gut. Beim Bodenpersonal wie wir scherzhaft sagten war ich auch im Einsatz. Hier konnte ich mein Talent bei der Warenannahme einsetzen. Eigenständig habe ich den Inlandbetrieb und den Export gemacht. Dabei gehörten Frachtpapiererstellung und Order von Lkws auch zu meinen Aufgaben. Freie Kapazitäten nutzte ich als zuverlässiges Mitglied der Werksfeuerwehr.

Sehr gerne will ich in Ihrem Betrieb als Fachlageristin arbeiten oder als Maschinenfahrerin. Deshalb habe ich mich bei Ihnen beworben...

Qualitäts- und Endkontrolle

Pianistin war mein Traumberuf. Mit neun Jahren bekam ich einen kleinen Flügel und übte fleißig ohne Noten zu lernen. Als es um die Berufsausbildung ging, schied Pianistin aus. Ich wollte lieber in eine Bäckerei. Dies kam aber wegen des Nachtarbeitsverbotes für Frauen nicht in Frage. Entschieden habe ich mich dann für eine Ausbildung zur Lebensmittelverkäuferin. Die zog ich durch und hatte wirklich auch viel Spaß bei der Arbeit und mit Kollegen und Kunden. Nach der Ausbildung wechselte ich in einen anderen Lebensmittelladen und arbeitet dort für eine Zeit.

Dann bekam ich ein Angebot von einem Technischen Betrieb, der Dichtungen herstellte. Ich griff zu und wurde Mitarbeiterin in der Musterproduktion. Dabei habe ich viele verschiedene Werkzeuge kennen gelernt. Im Betrieb wurden Mitarbeiter für die Fertigungssicherung gesucht. Ich war dabei und blieb dort sechs Jahre. Später war ich mehr als zehn Jahre in der Qualitäts- und Endkontrolle tätig. Meine Reklamationsrate war verschwinden gering: Insgesamt gab es zwei Fälle und in beiden war ich nicht verantwortliche Verursacherin. Weitere Stationen waren Produktion von Schwingungs-dämpfern. Auch hier zeichnete ich für die Prüfung verantwortlich. Später auch bei der Kontrolle von Prototypen. Qualitätsprüfung, Verpackung und Ver-sand waren meine Aufgaben. Bis zur Wegrationalisierung habe ich in diesem Sektor gearbeitet.

Nun möchte ich meinen sicheren Blick für Qualität in der Fertigung in Ihrem Betrieb erfolgreich ein-setzen...

Vertriebsmitarbeiterin

Nach der Mittleren Reife war ich als Dispacheur tätig. Als gelernte Bürogehilfin war ich für Rechnungserstellung, allgemeine Bürotätigkeiten und die Führung der Kasse verantwortlich. Nach meinem Wechsel zu einer Spedition konnte ich mein kommunikatives Talent im Empfang und als Leiterin der Telefonzentrale einsetzen. Die Besucherbetreuung lag ebenfalls in meinen Händen.

Ich wollte aber viel mehr machen und fand nach 1,5 Jahren eine andere Spedition. Hier war ich in den Bereichen Marketing und Werbung im Einsatz. Neben den allgemeinen Bürotätigkeiten war ich die treibende Kraft bei der Erstellung von Informations-E-Mails und auch für das Sekretariat. Reklamations-bearbeitung und Beschwerdemanagement zählten eben-so zu meinen Aufgaben wie Statistik und die Tele-fonzentrale. Später wechselte ich zu Arcor. Über den Zeitraum von zehn Jahren arbeitete ich erfolgreich im Kundendienst. Insbesondere die Betreuung von Großkunden war meine Aufgabe. Der Umgang mit Menschen, speziell auch am Telefon, liegt mir richtig gut. Dieses Talent kommt mir insbesondere bei Beschwerden richtig zugute. Ich habe in der Zeit sehr viel gelernt, wie man mit Menschen umgeht. Und: Ich habe sehr viel positives Feedback von Kunden bekommen.

In dieser Tätigkeit wurde ich wegrationalisiert und wechselte in die Technikabteilung. Angebotserstellung, Kostenoptimierung und Dokumentation waren meine hauptsächlichen Aufgaben. Auch diese Stelle wurde wegrationalisiert, der Standort aufgelöst.

In Ihrem Unternehmen habe ich mich für die Abtl. Kundenbetreuung beworben, weil ich das richtig gut und effektiv kann. Das hat meine berufliche Vergangenheit gezeigt….

KFZ-Meister

„In den letzten sieben Jahren habe ich in einer Freien Werkstatt gearbeitet. Ich war für alles zuständig: Reparaturannahme, Rechnungen schreiben, Personalplanung und Kundenberatung. Außerdem habe ich auch als Mechatroniker mitgearbeitet. In dieser Zeit habe ich fast alle Marken und ihre Macken kennen gelernt. Vorher war ich vier Jahre in einem Autohaus der Marke XXX im Einsatz. Gelernt habe ich bei der Marke YYY. In Zukunft möchte ich gerne weiterhin mit Kunden zu tun haben. Allerdings liegt mir die qualifizierte Mitarbeit in der Werkstatt auch sehr.

Wie Sie hören: Ich bin vielseitig einsetzbar und stets dabei alles bestens zu erledigen. Sehr gute Erfahrungen habe ich auch als Ausbilder. Ein Meister kümmert sich eben um die Weiterentwicklung seiner Lehrlinge. Als mitarbeitender Meister habe ich ihnen vieles beigebracht und hatte auch immer ein offenes Ohr für die Probleme junger Menschen. Dabei konnte ich mein pädagogisches Geschick oft unter Beweis stellen. Nun möchte ich gerne bei Ihnen als erfahrener Meister arbeiten, weil ich über Ihren Betrieb viel Gutes gehört habe. Dies bezieht sich auf die geleistete Arbeitsqualität. Und genau diese ist mir besonders wichtig. Aus diesem Grunde sitze ich jetzt hier."

Maurer

„Hecke schneiden und Rasen mähen: Das habe ich schon als Jugendlicher auf dem Grundstück meiner Eltern gelernt. Spaß gemacht hat es auch. Ich halte mich gerne im Freien auf und arbeite auch gerne so. Nach der Schule kam meine Maurerlehre. Hier konnte ich mich austoben und gemeinsam mit anderen Dinge aus dem Nichts erschaffen. Das hat mir sehr viel Freude bereitet. Nach der Ausbildung fand ich rasch einen Job bei XX. Das war ein Druckgussunternehmen und ich war verantwortlich für die Qualitätskontrolle und den Nachschub an Material. Das kann ich richtig gut. Da habe ich einen Blick dafür: Schließlich ist es wichtig, wenn alles rund läuft. Hier konnte ich mich mit meinem Talent richtig einbringen."

Kauffrau im Einzelhandel

„Meine Eltern haben mir folgende Geschichte aus meinem Leben erzählt: Mein Vater war Schuldirektor. Nach meiner Einschulung haben Lehrer ihm be-richtet, dass auf dem Schulhof in den Pausen stets ein Auflauf von Schülerinnen und Schülern statt-fand. Mitten drin stand wohl ich und habe anderen Schülern gegen Geld Fotografien aus dem Privatleben meines Vaters gezeigt. Einen Kaufmannladen hatte ich auch…

Aus meiner damaligen frühen Neigung zur ausgesprochenen Geschäftstüchtigkeit wurde die Berufsausbildung zur Kauffrau im Einzelhandel mit anschließender Tätigkeit im Einkauf. Da war ich in meinem Element. Später orientierte ich mich neu und begann eine Tätigkeit in einer Umzugsspedition. Dort war mein Organisationstalent gefragt. Es hat viel Spaß gemacht und gerade in dieser Firma habe ich viele verschiedene Menschen kennen gelernt. Eine Berufstätigkeit mit einer gelungenen Mischung aus Kundenkontakt, Teamarbeit und Verkauf: Das ist meine Welt!"

Lagerarbeiter

„Ich bin im Ruhrgebiet aufgewachsen und in Schleswig-Holstein. Als ich sieben Jahre alt war, zogen wir nach Lübeck. Ich habe sieben Geschwister. Teamarbeit ist wichtig? Ich kenne es also gar nicht anders. Immer habe ich gerne mit anderen Menschen zusammengearbeitet und hatte mit vielen Menschen zu tun. Ich bin ein ausgesprochener Teamplayer. Gleich nach der Schule habe ich bei XXXXX als Fliesensortierer und in der Verpackung angefangen. Dann kam die Tätigkeit als Maschinenführer in der Glasierung. Hier war ich auch zu-ständig für die Wartung der Anlagen. Und: Ich kann nur sagen, ich handwerkliche Tätigkeit wirklich Klasse finde. Im Anschluss, bei der Firma XXX habe ich in der Reparatur gearbeitet. Maschinen auseinandernehmen und zusammensetzen, Kabinenumbau, Staplerfahren, Transport- und Lagerarbeiten: Das kann ich und will ich!"

Schlosser

„Nach dem Hauptschulabschluss habe ich eine Metallberufsschule besucht. Was man alles mit dem Material Metall so machen kann, das fand ich wirklich toll. Dann habe ich mich um einen Ausbildungsplatz als Schlosser beworben, eine Lehrstelle gefunden und die Ausbildung auch abgeschlossen. Bauen und Schweißen machen mir Spaß. Ich komme sehr viel auf den verschiedenen Baustellen herum und lerne andere Gewerke kennen. Materialien zu verbinden und Neues zu schaffen: Das ist Klasse. Nachher, wenn alles fertig ist, einen Schritt zurückzumachen, das Werk bestaunen und sich sagen zu können „Da habe ich mit gebaut!" Das erfüllt mich mit Stolz und Freude."

Fleischermeister

„1960 fing alles an. Neben meinem Elternhaus war eine Fleischerei. Am Schaufenster stand ich und sah den Gesellen bei der Arbeit zu. Damals als 12-Jähriger habe ich sie bewundert. Ihre Arbeit fand ich faszinierend. 1964 habe ich diese jugendliche Leidenschaft zum Beruf gemacht. Nach drei Jahren fand ich einen Job in der Produktion: Dort habe ich eine Menge dazu gelernt. Später plante ich die Meisterausbildung in Frankfurt. Ich wollte etwas erreichen und hohe Qualität in meiner Arbeit liefern. Nach bestandener Prüfung las ich eine Stellenanzeige „XXX sucht Fleischermeister". Aus dem Vorstellungsgespräch wurde ein Arbeitsvertrag und ein Beschäftigungsverhältnis mit einer Dauer von 23 Jahren. Im Anschluss bewies ich meine um-fangreichen Kompetenzen, auch als Ausbilder, in Hamburg und hier bei XXX."

Industriekauffrau und Metallbauerin

Die Kandidatin bewarb sich als Industriekauffrau bei einer Metallbaufirma:

„Als ich 15 Jahre alt war, da wollte ich unbedingt ein Mofa. Nicht nur zum Fahren, nein auch zum Schrauben. Meine Eltern hatten aber kein Geld. Deshalb habe ich Zeitungen ausgetragen, das Geld zusammengehalten und irgendwann stand mein Mofa endlich vor der Haustür. Später, als es um meinen Ausbildungsplatz ging, war völlig klar, dass es ein Beruf mit Metall sein muss. Ich wurde Metallbauerin. Nach sieben Jahren als Gesellin machte mir die Gesundheit einen Strich durch die Rechnung. Also schulte ich um und wurde Industriekauffrau. Jetzt, nach acht Jahren im Beruf, sitze ich hier bei Ihnen und wünsche mir nichts so sehr, wie wieder im Metallbereich tätig sein zu dürfen. Ich liebe den Geruch von Öl, Schmiermittel und Metall, das gerade bearbeitet wird. Sehr gerne möchte ich gemeinsam mit Ihnen im Anschluss der Werkstatt einen Besuch abstatten."

Nach vier Monaten bekam ich Besuch von ihrem Mann. Er kam um sich im Namen seiner Frau bei mir zu bedanken. Wofür? Lesen Sie selbst: Sie hatte insgesamt fünf Vorstellungsgespräche. Die Industriekauffrau erhielt fünf (!) Zusagen und entschied sich für ein Unternehmen. Drei Monate später erkannte sie, dass es in dieser Firma für sie nicht passte. Sie telefonierte die vier anderen von damals ab. In allen vier Fällen bekam sie *"Sie sind doch die mit dem Mofa, oder?" zu hören. Im vierten Gespräch erhielt sie telefonisch eine Jobzusage. Dort hält sie auch heute noch das Geld zusammen und sorgt für gute Gewinne.*

Wichtig ist, und das zeigt dieses Bespiel perfekt, dass Sie nach der Aufforderung „Erzählen Sie etwas über sich „ einen Haken in einer kurzen Story auswerfen, der hängen bleibt. Niemand wird Ihnen dann widerstehen!

31. „Was haben Sie zuletzt gemacht und wofür waren Sie zuständig?"

Erzählen Sie hier, was Sie in Ihrem Job gemacht haben. Stellen Sie sich dabei ins rechte Licht und verwenden Sie Vokabeln wie Erfolg, Umsatzsteigerung, Sparen, Einsparungen, Strukturverbesserung, Qualitätssteigerung, mehr Effizienz und Produktivität.

32. „Warum gefällt Ihnen Ihr alter Job / Ihre aktuelle Arbeitsstelle nicht mehr?"

„Nach 12 Jahren im gleichen Betrieb wird es wirklich Zeit für einen Wechsel, für Luftveränderung. Ich möchte mich weiter entwickeln und vorankommen. Das klappt in meinem jetzigen Job nicht so wie ich es wünsche. „

33. „Aus welchem Grund wurde Ihnen gekündigt?"

Die perfekte Antwort, die Ihnen nicht auf die Füße fällt, lautet „betriebsbedingt". Bedenken Sie bei Ihrer Antwort aber, dass Menschen miteinander telefonieren können. Schnell mal beim letzten Arbeitgeber nachgefragt und schon kommt die Wahrheit ans Tageslicht. Möglich sind die beiden folgenden Antworten:

„Nach vier Jahren wurde unser Team neu aufgestellt. Neue Mitglieder kamen hinzu. Ab da war alles anders. Irgendwie stimmte die Chemie nicht mehr, ich passte einfach nicht mehr dazu. Das war der Grund."

„Ich bin sehr ehrgeizig. Schritte vorauszuplanen, kennzeichnet meine Arbeit als Zahnarzthelferin. Das passte meinen Kolleginnen ganz und gar nicht. Deshalb wurde ich von ihnen enorm gemobbt und schließlich kam die Kündigung."

34. „Aus welchem Grund haben Sie gekündigt?"

War es das Geld. Oder die Kollegen? Oder der Chef? Hier müssen Sie Farbe bekennen:

„Durch schlechte Auftragslage dümpelte das Unternehmen träge auf dem Markt herum. Entwicklungspotential schwamm mir ebenso davon wie meine Karrierepläne. Nun verspreche ich mir von

einer Tätigkeit bei Ihnen erhebliches Potential für meine Zukunft."

35. *„Warum waren Sie so lange arbeitslos?"*

Eine ganz gefährliche Frage. „Arbeitslos" heißt für Menschen, die arbeiten und andere beurteilen schlicht „einfallslos". Mit einer Musterantwort kann ich Ihnen an dieser Stelle leider nicht dienen.

3.2 PERSÖNLICHE FRAGEN / VERHALTENSFRAGEN

36. *„Welche Hobbys haben Sie?"*

Von ungefährliche Hobbys können Sie gerne erzählen. Alles, was Ihre Arbeitsfähigkeit einschränkt oder verhindert, gehört nicht in ein Vorstellungs-gespräch. Betreiben Sie ein Hobby, das mit der Berufstätigkeit zu tun hat, dann bringen Sie es ins Spiel. Die Pferdepflegerin, die auch züchtet, kennt sich wirklich gut aus und wird vielleicht eine bessere Mitarbeiterin mit erheblich mehr Kompetenzen sein als ihre Konkurrentin. Gleiches gilt für den Kfz-Mechatroniker, der nebenbei einen alten Jaguar E wieder aufbaut und restauriert.

37. „Welche Interessen haben Sie?"

Warum nicht einfach mal etwas aus dem Nähkästchen Ihrer Neigungen und Einstellungen erzählen. Sollten Sie in Vereinen aktiv sein, dann passt es hier wirklich gut. Solche Tätigkeiten zeichnen ein kollegiales und teamfähiges Bild von Ihnen. Und das bringt Punkte. Und wenn Sie einfach nur gut und gerne kochen und mit Schürze vor dem Bauch der Familie oder Freunden stolz die Ergebnisse servieren, dann ist das auch eine schöne Geschichte, die Sie in ein positives Licht stellt.

38. „Welche Bücher lesen Sie gerade?"

Können Sie auch unsere Handbücher/Manual lesen? Oder gehören Sie schon zur SMS-Generation, die mehr als 140 Zeichen als persönliche Belästigung und ästhetische Emission bezeichnet? Präsentieren Sie sich klug, neugierig und gebildet: Ein Bei-spiel:

„Vieles läuft ja heute über das Internet. Aber gegen ein richtiges Buch kommt das bei mir nicht an. Neulich habe ich Mario Puzus „Der Pate" wieder einmal gelesen. Spannung und Konfliktaufbau bei den Hauptfiguren begeistern mich hier immer wieder aufs Neue. Aktuell lese ich ein Sachbuch über Freies Reden aus der Spiegel-Bestsellerliste. Das bringt mich nicht nur beruflich weiter, sondern auch privat."

39. „Welche Magazine und Zeitschriften lesen Sie?"

Ist Ihr Wissen überhaupt aktuell? Interessieren Sie sich über die Berufstätigkeit hinaus auch für Ihren Job? Fragen wie diese stehen hinter der Frage nach Magazinen und Zeitschriften. Völlig klar ist, dass Sie hier mit Boulevardpublikationen keinerlei Pluspunkte sammeln können. Führen Sie Fachmagazine an, wenn Sie diese auch lesen. Wenn nicht, lassen Sie die Finger davon. Mogeln Sie niemals, denn es kann sein, dass Ihr Gegenüber genau dasselbe Magazin auf seiner Aboliste hat und Sie auf Ihre Meinung über den aktuellen Leitartikel hin befragt. Diese Blöße kickt Sie sofort aus dem Rennen. Sie wissen ja: Wer einmal lügt...

40. „Was machen Sie neben Ihrer Angestelltentätigkeit?"

Arbeiten Sie nebenbei auch noch selbstständig? Bringen Sie Ihre volle Kraft in unser Unternehmen ein oder brauchen Sie einfach nur das Geld? Im Absatz „Fragen für Selbstständige" finden Sie weitere Informationen. Ihre Antwort auf diese Frage sollte vielversprechend klingen. Zu Ihren und zu Gunsten des Unternehmens. Eine Musterantwort ist mir hier nicht möglich.

41. „Was machen Sie in Ihrer Freizeit?"

Entspannen Sie sich? Kommen Sie nach dem Wochenende erholt zurück an den Arbeitsplatz oder sanieren Sie gerade ein 300 Jahre altes Fachwerkhaus von Grund auf? Natürlich entspannen Sie sich. Oder Sie bilden sich weiter. Beides verspricht eine erfolgreiche Berufstätigkeit mit bester Konzentration.

„Die Familie ist mir sehr wichtig. Gemeinsam unternehmen wir viel und machen Ausflüge. Das klappt nicht jeden Tag und jedes Wochenende, denn ich bilde mich gerade im Bereich Softwareprogrammierung o.ä. Weiter. Schließlich möchte ich ja beruflich auch vorwärtskommen."

42. „Treiben Sie Sport? Wenn ja: Nennen Sie mir die Sportarten?"

Arbeiten Sie auch montags? So lautet diese Frage korrekt. Wenn Sie exzessiv Kontaktsportarten wie Handball, Basketball oder Fußball betreiben, riskieren Sie Verletzungen. Kein Unternehmen braucht Mitarbeiter, die wegen Muskelfaserriss o.ä. regelmäßig ausfallen. Wenn Ihre äußere Erscheinung dies zulässt, erzählen Sie lieber:

„Ich laufe unheimlich gern. Joggen tut mir wirklich sehr gut. An manchen Wochenenden wandere ich auch mit meiner Familie. Hier an der Ost-

see/Schwarzwald/Weserbergland etc. gibt es ja auch besonders viele Möglichkeiten."

Sollten Sie allerdings in Ihrer Sportart richtig professionell sein und Kreisliga aufwärts spielen, dann können Sie nicht schummeln, denn Ergebnisse und Spielberichte stehen ja dann auch schon mal in der Lokalzeitung. Dann müssen Sie mit offenen Karten spielen.

43. „Haben Sie Vorbilder?"

Wie sehr sind Sie fremdgesteuert? Wie realistisch sind Ihre Einschätzung, Ihr Selbstbild und vor allem auch Ihr Vorbild? Prima als Vorbild eignet sich der Mann, der die berühmteste Maus der Welt erfunden hat: Walt Disney. Beharrlichkeit bei der Kreditsuche für seinen ersten Freizeitpark Disneyland (Er musste mit mehr als 300 Banken sprechen, bis ihm einer endlich glaubte, dass sein Konzept großartig und finanziell vielversprechend ist!) und fester Glaube an sich selbst, seine Fähigkeiten und seine Ideen kennzeichnen diesen Geschäftsmann. Bringen Sie ihn ins Spiel, dann haben Sie ein wirklich gutes Vorbild.

44. „Was war für Sie bisher das schlimmste Erlebnis in Ihrem Leben?"

Eine Mögliche Musterantwort kann folgende sein:

„Familie ist mir sehr wichtig. Das wirklich schlimmste Erlebnis war für mich der Tod meines Vaters. Er hat eine große Lücke hinterlassen, die allen Familienmitglieder immer wieder auffällt."

45. „Womit, würde Ihr Sohn sagen, nerven Sie ihn?"

Diese Frage wurde einmal einer meiner Bewerberinnen gestellt. Sie fühlte sich erst ein wenig über-rumpelt doch nach einer Schrecksekunde hatte sie die brillante Antwort parat, die die vermeintliche Schwäche in eine beruflich bedeutsame Stärke verwandelte:

„Mein Sohn sagt, ich bin wie eine Glucke im Hühnerhof. Ihn nervt, dass ich, obwohl er 30 Jahre alt ist, seine Stullen schmiere, Wäsche wasche und sein Zimmer aufräume. So bin ich nun einmal: So fürsorglich. Bei meiner Arbeit bin ich aber genauso. Auch hier will ich, dass jede Kleinigkeit optimal erledigt und alles bestens vorbereitet wird. Fürsorglich zu Hause und sorgfältig bei meiner Berufstätigkeit. "

46. „Wie verhalten Sie sich bei Konflikten oder Auseinandersetzungen?"

Jeder weiß, dass Konflikte ausufern können und Arbeitsqualität ebenso negativ beeinflussen wie das

Arbeitsklima. Aus diesem Grunde ist es für Sie wichtig zu zeigen, dass Sie um diese Umstände wissen und vorbeugend eingreifen können:

„Konflikte im Frühstadium erkennen und mich gleich als Mediator und Gesprächspartner für die Konfliktparteien anzubieten ist eine meiner Stärken. Ich will keinesfalls, dass Konflikte intensiver werden und immer mehr Mitarbeiter mit hineingezogen werden oder sogar auch noch direkte Konfliktbeteiligte werden. Rechtzeitig und einfühlsam eingreifen ist mein Motto bei aufkeimenden Konflikten."

47. „Beschreiben Sie Ihren Arbeitsstil / Ihre Arbeitsweise."

Positiv stellen Sie sich dar mit folgenden Begriffen: „Planvolle Organisation, qualitätsbewusstes Arbeiten, Freude im Team Ziele zu erreichen, kundenorientierte Beratung, Abschlusssicherheit, Freude am Verkaufen, Umsatzbewusstsein, Instinkt für Kundenwünsche, Einfühlsame Kundenberatung, freundliche Telefonstimme, Gespür für Kundenbedürfnisse, Präzision bei der Arbeit, Professionalität, Organisationstalent, Mit Freude Dinge bewegen, Verantwortungsbewusstes Arbeiten, Souveräner Umgang mit PC, Aufgeschlossenheit für Weiterbildung, rasche Auffassungsgabe und Freude am Umgang mit

Menschen" können Worte sein, die mit Ihnen zu tun haben und die Sie als Beschreibung Ihrer Arbeitsweise nennen können. Hier argumentieren Sie eben wie bei der Frage nach den Stärken.

48. „Was genau hat bei Ihnen und Ihrer Arbeit höchste Priorität?"

Siehe oben.

49. „Erzählen Sie mir etwas über Ihre Schwächen. Oder haben Sie etwa keine?"

Siehe oben bei Stärken und Schwächen.

50. „Wie reagieren Sie auf Stress bzw. in Stresssituationen?"

Hier ist ein Versuch Sie näher kennen zu lernen. Stress gibt es gelegentlich überall. Entscheidend bei Ihrer Antwort ist, dass sie verspricht, dass Sie bei Stress und Zeitdruck keine Fehler machen. Als Antwort taugt:

„Mit absoluter Konzentration, Ruhe und Besonnenheit. So vermeide ich Fehler, arbeite gezielt und planvoll und erreiche so eine Geschwindigkeit, die den Stress abbaut. Außerdem: Seit ich jogge, mich gesund ernähre und mit dem Rauchen aufgehört habe, kommt bei mir so schnell kein Stress auf."

51. „Wie reagieren Sie, wenn Sie unter Zeitdruck arbeiten müssen?"

Siehe oben.

52. „Ein Kunde ist ärgerlich und reagiert ziemlich ausfallend. Was tun Sie in einer solchen Situation?"

Hier ist Ihre Fähigkeit gefragt, mit Beschwerden um zu gehen und aus Beschwerde führenden Kunden zufriedene Kunden zu machen. Aus diesem Grunde sollte Ihre Antwort so oder so ähnlich lauten:

„Zuerst einmal ist dieser Mensch unser Kunde. Da er das auch weiterhin bleiben soll, muss ich zuerst seine echten Beweggründe für die ausfallende Reaktion ermitteln. Ich greife seine Stimmung auf, artikuliere diese entsprechend und erzähle ihm, dass es gut ist, dass er sich an mich gewendet hat. Schließlich bin ich ja dafür da, dass er zu-frieden ist. Wenn ich erfahren habe, worum es wirklich geht, dann kann ich die Ursache der Kundenbeschwerde beheben."

53. „Wie reagieren Sie auf Kritik?"

Mit dieser Frage möchten die Personaler von Ihnen erfahren, ob Sie sich Gedanke über das Thema gemacht haben und wie Ihre bisherigen Erfahrungen sind:

„Kritik von Vorgesetzten und Kollegen ist für mich stets auch ein Ratschlag in der Zukunft Dinge anders zu regeln und durchzuführen. Da mir höchste Qualität in meiner Arbeit ganz besonders wichtig ist, höre ich bei Kritik aktiv zu. Ich bin nicht gleich auf 180, sondern greife ich solche Anregungen gerne auf."

54. „Was halten Sie von Teamarbeit?"

Heutzutage steht überall Teamarbeit auf der Tagesordnung. Mit der Antwort auf diese Frage sollen Sie beweisen, dass Sie teamfähig sind. Zeigen Sie aber auch Kenntnisse über die Empfindlichkeit von wirklich gut funktionierenden Teams. Störungen von außen z.B. wirken sich ebenso fatal und schnell aus wie ein hierarchieverliebter Teamleiter. Eine mögliche Antwort:

„Ich kann sehr effektiv selbstständig arbeiten. Die Vergangenheit hat gezeigt, dass es mir aber auch entspricht, gemeinsam mit Teamkollegen Ziele zu stecken und auch zu erreichen. Ich bringe mich mit meinen Ressourcen aktiv in das Team ein. Falls erforderlich helfe ich auch dabei neue Mitglieder in das Team zu integrieren. Sollten Konflikte im Team auftauchen, dann reagiere ich sofort darauf, damit die Situation nicht weiter eskaliert. Als möglicher Teamleiter verhalte ich mich integrativ, diplomatisch und motivierend gegenüber meinen Teammitgliedern."

55. „Wo möchten Sie in fünf Jahren stehen?"

Abgefragt wir hier, ob Sie wissen, was Sie wollen und ob Sie überhaupt einen Plan haben und diesen auch ehrgeizig verfolgen. Antworten Sie beispiels-weise so:

„Privat gesehen habe ich gemeinsam mit meiner Familie viel geschafft. Wir haben Haus, zwei Autos und eine Ferienwohnung. Beruflich ist mir Weiter-entwicklung wichtig. Sehr gerne möchte ich in fünf Jahren meine Fähigkeiten z.B. als Abteilungsleiter zu Gunsten des Unternehmens einbringen. Dies entspricht mir, weil ich besonders gut mit Menschen umgehen kann und auch über Führungsqualitäten verfüge."

56. „Was sind Ihre beruflichen Ziele?"

Ähnliche Frage wie oben. Grundsätzlich gibt es zahlreiche Fragen, die jeweils eine ähnliche Ant-wort erforderlich machen. Wichtig ist es für Sie zu äußern, dass Sie Ziele haben. Die Antwort auf diese Frage sollte wie aus der Pistole geschossen kommen, denn Ihre Ziele haben Sie immer parat. Eine mögliche Antwort für Leute, die vielleicht sogar noch studieren möchten:

"Weiterbildung und Fortbildung sind mir wichtig. Gerne möchte ich in der Zukunft weiterhin an meiner Karriere arbeiten. Ich habe sogar schon über ein berufsbegleitendes Fernstudium nachgedacht und diesbezügliche Informationen eingeholt."

57. „Wie sehen Sie Ihre Zukunft?"

Wie ist eigentlich Ihre Grundeinstellung zum Leben? Haben Sie genaue Pläne? Wie sind Ihre Wünsche und Ziele? All diese Fragen verstecken sich hinter der einfachen Frage nach der Zukunft. Sie haben selbstverständlich eine positive Grundhaltung zum Leben als solchem, sonst würden Sie sich ja nicht bewerben, sondern allein oder gemeinsam mit Gleichgesinnten schimpfend und verzweifelt auf einem abgewetzten Sofa daheim herumsitzen und laut gestikulierend Unternehmer, Politiker und alle politischen Systeme verfluchen und in die Abgründe der Hölle wünschen. Sie antworten:

"Für die Zukunft habe ich mir viel vorgenommen. Weiterbildung und Karriere sind hier die passenden Stichworte. In fünf Jahren planen meine Frau und ich die Anschaffung eines Eigenheimes. Bis dahin möchte ich beruflich sehr gerne ein gutes Stück weiterkommen. Genau das ist ja der Grund für mei-ne

Bewerbung hier im Hause. In Ihrem Unternehmen sehe ich für mich großes Potential für Entwicklung, Fortschritt und Kompetenzerweiterung. Des-halb sitze ich hier bei Ihnen."

58. „Was tun Sie, wenn wir Sie nicht einstellen?"

Das ist wirklich eine kleine nette Killerfrage, die Ihre Schlagfertigkeit heftig auf die Probe stellt. Schließlich unterstellt die Frage, dass sich bereits im Verlauf des Gesprächs herausgestellt hat, dass Sie nicht der Richtige für den Job sind. Dies wird Ihnen allerdings niemand so mitteilen. Deshalb antworten Sie wahrheitsgemäß, dass Sie sich dann selbstverständlich bei einem anderen Unternehmen aus der gleichen Branche bewerben werden. Bei der Konkurrenz also:

„Ich bin zum Entschluss gekommen, dass Ihr Unter-nehmen ein für mich und meine ausgesprochenen Fähigkeiten genau das richtige Unternehmen ist. Wenn Sie mich nicht einstellen, dann werde ich nach einem anderen Unternehmen in unserer Branche suchen, bei dem es dann passt."

3.3 FRAUEN STELLT MAN GERNE FOLGENDE FRAGEN

59. „Sind Sie Jungfrau?"

Diese Frage stellt eine Diskriminierung von Frauen dar und muss überhaupt nicht beantwortet werden. Dennoch soll sie bei der Suche nach einem Ausbildungsplatz schon gestellt worden sein. Sollte sie Ihnen einmal unterkommen, dann antworten Sie vielleicht:

„Nein, Waage ist mein Sternzeichen. Schon deshalb bin ich für diese Stelle bestens geeignet. Mein Profil ist gekennzeichnet durch Ausgeglichenheit. Bei anstehenden Entscheidungen wäge ich Vor- und Nachteile sorgfältig ab und fasse dann den effektivsten Entschluss."

60. „Sind Sie schwanger?"

Diese Frage stellt eine Diskriminierung von Frauen dar und muss überhaupt nicht beantwortet werden. Sollte sie Ihnen dennoch einmal gestellt werden, dann antworten Sie:

„Ich halte diese Frage für nicht angemessen. Stellen Sie mir bitte eine andere Frage, die Thema im Vorstellungsgespräch sein soll."

61. „Haben Sie Kinder?"

Kinder, ganz besonders kleine Kinder werden oft krank. Mütter sind als „Krankenschwester" besonders gefragt und beruflich aus diesem Grunde ganz heftig betroffen. Ihre Antwort auf diese Frage, die davon zeugt, dass Ihr Gegenüber Ihren Lebenslauf nicht richtig gelesen hat, muss zum Ausdruck bringen, dass Ihr(e) Kind(er) für jedem Fall ausreichend und qualitativ bestens betreut sind. Antworten Sie:

„Ja, ich habe fünfjährige Zwillinge. Seit die in den Evangelischen Kindergarten gehen, blühen die richtig auf. Dort sind sie von 7:30 Uhr bis 16:30 Uhr richtig gut aufgehoben. Und wenn sie einmal krank werden sollten – die Oma wohnt in der Nähe und übernimmt dann die Betreuung. Auf mich können Sie sich in jedem Fall verlassen. Da habe ich richtig gut vorgesorgt."

62. „Möchten Sie gerne Kinder?"

Hier wird angehende Schwangerschaft unterstellt oder eine diesbezügliche Planung abgefragt. Ihre Antwort kann nur zu Gunsten der beruflichen Karriere ausfallen:

„Kinder sind wirklich eine Bereicherung für die Welt. Für mich kommt im Moment allerdings zuerst einmal die Karriere. Die steht ganz oben auf meiner Liste. Wann ich mir selbst einmal ein Kind anschaffen werde, das kann ich noch nicht sagen."

63. „Was tun Sie, wenn Ihre Kinder krank werden?"

Analog zu der oben beantworteten Frage können Sie nur davon berichten, dass Sie ausreichend Vorsorge betrieben haben:

„Zum Glück wohnt die Oma in der Nähe / gibt es meine Nachbarin. Mit der ist unsere Familie befreundet und wir haben ausgemacht, dass sie die Betreuung im Krankheitsfalle übernimmt. Auf mich und meine Leistungsbereitschaft können Sie zählen, auch wenn das Kind einmal krank wird."

64. „Wie sieht Ihre Lebensplanung aus?"

Wichtig ist hier, dass Sie einen Plan haben. Im Kapitel Auswertung Vorstellungsgespräch erfahren Sie, dass Personaler Menschen mögen, die nicht planlos durch den Alltag gehen. Wer einen Lebens-plan hat, weiß was er will. Und wer weiß was er will, hat Selbstbewusstsein. Auch das lieben Personalverantwortliche:

„Mein Mann und ich, wir haben sogar aufgeschrieben, was wir erreichen wollen. Im Moment arbeite ich als Verkäuferin. Die IHK bietet mir als Einzelhandelskauffrau aber mit einem Wochenendkurs die Möglichkeit berufsbegleitend einen Abschluss als Betriebswirtin zu machen. Das will ich unbedingt. Die Anmeldefrist läuft bis Ende dieses Jahres. Davon verspreche ich mir in den kommenden Jahren einen wesentlichen beruflichen Vorteil und einen großen Schritt nach oben auf meiner persönlichen Karriereleiter. Erfolg ist mir eben wichtig."

65. „Bekommen Sie Beruf und Familie unter einen Hut? Ist das nicht viel zu stressig?"

Der hier fragt, hat vielleicht keine Familie und argumentiert aus der Fantasie. Dass es ein reines Zuckerschlecken ist nach getaner Arbeit noch einzukaufen, Wäsche zu machen und das Abendessen aufzutischen, kann wirklich keiner behaupten. Allerdings ist es Ihre Pflicht die Parade effektiv zu spielen:

„Einfach ist das nicht. Aber schließlich gibt es ja auch positiven Stress. Mir macht meine Arbeit Spaß und ich freue mich, wenn es für meine Kolle-gen und mich richtig viel zu tun gibt. Das stört mich nicht - im Gegenteil. Und daheim, da arbeite ich auch im Team. Die Kinder helfen und auf meinen Mann kann ich mich verlassen. Auch zu Hause zählen beste Organisation und präzise Absprachen, genau wie am Arbeitsplatz."

66. „Sie waren seit vielen Jahren nicht mehr berufstätig. Seitdem hat sich einiges verändert. Warum glauben Sie, den Anforderungen gewachsen zu sein?"

Hier sind die Fallensteller unterwegs. Allerdings ist die Frage völlig plausibel und Sie beweisen mit Ihrer Antwort, dass Sie mehr sind als das Heimchen hinter dem Herd mit dem Flaschenwärmer unter dem Arm:

„Eine Familie erfolgreich zu managen ist eine große Aufgabe, die gleichzeitig viele verschiedene Fähigkeiten fordert. Dennoch war es mir immer wichtig, fachlich und thematisch meine Nase im Wind zu halten. Ausgezeichnete Fachliteratur und viele Möglichkeiten im Internet haben mir ebenso dabei geholfen wie meine stets aktualisierten Kenntnisse des MS Office Professional-Paketes."

3.4 FRAGEN FÜR SELBSTÄNDIGE

67. „Sie waren selbständig und haben eigenverantwortlich gearbeitet. Können Sie sich noch in ein Team integrieren?"

Hier wird Ihnen starrköpfiges Einzelgängertum unterstellt. Selbstverständlich haben Sie auch als Selbstständiger immer mit Menschen zu tun gehabt. Ihre Qualität liegt gerade auch in der eigenverantwortlichen Arbeit. Als Beispiel antworten Sie:

„Ich finde, dass eigenverantwortliches Handeln und Arbeiten etwas sehr Positives darstellt. Auch als Teamplayer muss ich selbstständig arbeiten können. Schließlich sollen sich die Teammitglieder ja nicht hintereinander verstecken. Gemeinsam mit Kollegen Ziele erreichen: Ja! Das will ich und ich kann mich mit meinen Ressourcen in ein Team integrieren."

68. „Warum geben Sie Ihre Selbständigkeit auf?"

Sind Sie eigentlich ein Verlierertyp ohne Ausdauer, könnte diese Frage auch lauten. Ein mir bekannter ehemaliger Mitarbeiter einer Versicherung, der lange Jahre als Vertreter gearbeitet hatte, fürchtete sich vor genau dieser Frage. „Was antworte ich bloß, wenn die Frage kommt?" Es gibt aus meiner Sicht eigentlich nur eine Antwort, die recht plausibel klingt und die Sie nicht geringschätzt. Mein Vertreter nutzte auch diese Antwort, es hat sich keiner daran gestört und er bekam die Festanstellung als Außendienstmitarbeiter. Er antwortete:

„Ich arbeite sehr gerne selbstständig und kann bestens organisieren und meinen Tagesablauf effizient strukturieren. Allerdings habe ich festgestellt, dass mir finanzielle Sicherheit mittlerweile auch sehr wichtig geworden ist. Früher hatte ich zum Beispiel mit der Stornoproblematik zu tun. Das möchte ich heute nicht mehr. Aus diesem Grunde suche ich nun eine Stelle als Angestellter."

69. „Würden Sie noch einmal ein Unternehmen gründen, wenn Geld keine Rolle spielen würde?"

Wie ernst meinen Sie es wirklich mit Ihrer Bewerbung bei uns? Liebäugeln Sie dennoch wieder mit einer Selbstständigkeit? Dies sind die Fragen, die hier im Subtext stehen. Für Sie also höchste Eisenbahn dagegen zu halten:

„Schöne Idee aus der Welt der Theorie! Mir ist die Praxis wichtig. Nein, auch wenn das Thema Geld keine Rolle spielen würde – eine Selbstständigkeit kommt für mich nicht mehr in Frage. Und das habe ich mir ganz genau überlegt. Jetzt will ich meine umfangreichen Fähigkeiten und Erfahrungen in ein

passendes Unternehmen einbringen. Und meine Recherchen haben mir gezeigt, dass Ihr Unternehmen für mich passt."

3.5 FRAGEN ZUM ABSCHIED

70. „Können Sie nochmals Ihre Stärken und Schwächen zusammenfassen?"

Einer geht noch: Selbstsicher und fesseln parieren Sie hier den wiederholten Versuch Ihnen auf die Schliche zu kommen. Nein, nicht wirklich auf die Schliche. Mit so einer Frage zum Ende des Gesprächs sollen Sie lediglich nochmals über Ihr Selbstbild berichten. Nennen Sie Stärken, die für den Job wichtig sind und verweisen Sie auf Schwächen, die eher normal als fatal für Sie sind. Ungefähr so:

„Mit meiner raffinierten Art Dinge zu organisieren, möchte ich in Ihrem Unternehmen Abläufe optimieren. Meine Gewissenhaftigkeit und mein sicheres Gespür für Qualität werden mir bei der Effizienz-steigerung behilflich sein. Wenn ich mich dabei das eine oder andere Mal als detailverliebt erweise, dann ist das eine Schwäche. Allerdings kommt es meiner Meinung nach oft auch auf die Kleinigkeiten an…"

71. „Über Geld redet man ja nicht so gerne. Sprechen wir bitte trotzdem darüber. Was sind Ihre Gehaltsvorstellungen?"

Hier ist für den Fragenden interessant wie lange Sie für die Antwort brauchen. Zögern Sie, stellen Sie sich als nicht besonders selbstbewusst dar. Hilfestellung leistet eine sorgfältige Vorbereitung, die allerdings überflüssig ist, wenn Sie sich in einem der Berufe mit Tarifverträgen bewegen. Bei frei verhandelbaren Gehältern müssen Sie erstens wissen, dass diese Frage garantiert kommt und zweitens eine Antwort parat haben. Möglich ist z.B. diese:

„In der Vergangenheit habe ich ein Gehalt von 2.900 Euro erhalten. In diesem Rahmen soll sich mein Gehalt weiterhin bewegen."

72. „Wie hoch ist Ihr aktuelles Gehalt?"

Analog zur Frage oben kann beim Jobwechsel auch diese Variante im Bewerbungsgespräch vorkommen. Für den Fragesteller ist interessant, ob Sie bei der Nennung des Themas Finanzen unruhig oder sogar unsicher werden. Bleiben Sie einfach cool. Nennen Sie prompt die Summe und schummeln Sie dabei nicht:

„Zurzeit liegt mein Jahresbrutto bei 35.000 Euro. Nun bewerbe ich mich bei Ihnen auf eine Stelle mit

höheren Anforderungen. Schön ist es, wenn sich da auch das Gehalt anpasst."

73. *„Wann können Sie bei uns einsteigen?"*

Wie ernst ist es Ihnen mit der neuen Stelle? Wie genau ist Ihre Kündigungsfrist? Sind Sie wirklich noch in Beschäftigung oder sind Sie derzeit arbeitslos? So oder so ähnlich sind die Hintergründe für diese Frage. Antworten Sie z.B. „Sofort!", dann glaubt ihnen kein Mensch, dass Sie aktuell noch in Lohn und Brot stehen. Schließlich existieren ja vertragliche Bindungen und Kündigungsfristen. Also ist es Ihr Job, ehrlich und unter Nennung dieser Fristen zu antworten:

„Meine Kündigungsfrist beträgt drei Monate. Wenn ich heute noch kündige, dann kann ich zum 1. XXX (Monat) bei Ihnen einsteigen. Das wünsche ich mir sehr!"

Sehr schön auch bei dieser doch recht einfachen Frage nochmals eine Absichtserklärung (Das wünsche ich mir sehr!) mitzuschicken. Dies bestärkt Ihren festen Willen und auch Ihr Selbstbewusstsein.

Völlig anders stellt sich die Situation dar, wenn Sie auf Jobsuche sind und bei der Agentur für Arbeit gemeldet sind. Dann können Sie sofort im neu-en Job anfangen. Dies teilen Sie dann auch im Gespräch mit:

„Da ich seit XX Wochen/Monaten arbeitssuchend bin, besteht die Möglichkeit sofort zum 1. XXX Monat bei Ihrem Traditionsunternehmen einzusteigen. Wenn das möglich ist, freue ich mich sehr."

Als problematisch erweisen sich für Arbeitslose durchgestylte Urlaubspläne mit Lebenspartner oder Familie, die den Soforteinstieg unmöglich machen. Versuchen Sie hier Ihr Bestes:

„Jetzt haben wir Ende Mai. Im Juni haben meine Frau und ich einen 14tägigen Urlaub auf den Kanaren gebucht. Ich kann aus diesem Grunde erst zum 15. Juni oder zum 1. Juli bei Ihnen anfangen."

Bei dieser Variante ist für Sie der Urlaub wichtiger als der neue Job. Alle anderen Bewerber, die zufälligerweise keinen Urlaub geplant haben, schießen an Ihnen vorbei. Nur wenn Sie für den Personaler das absolute Leckerli darstellen, wir er sich auf Ihre Pläne einlassen. Anderenfalls be-kommt ein anderer den Job. Möglich ist allerdings auch diese Version:

„Jetzt haben wir Ende Mai. Im Juni haben meine Frau und ich einen 14tägigen Urlaub auf den Kanaren gebucht. Selbstverständlich kann ich diese Reise stornieren. Dann stehe ich Ihnen bereits am 1. Juni zur Verfügung."

Diese Variante spricht für Ärger in der Familie aber auch für die Bedeutung und Wichtigkeit, die diese neue Arbeitsstelle für Sie hat. Möglicherweise wird Ihnen das

Unternehmen die Zeit für die Erholung lassen und einen Arbeitsvertrag auf später datieren. Aus meiner Sicht ist dies die richtige Antwort im Falle einer im Vorfeld gebuchten Reise in den Süden.

74. „So, das wäre es von unserer Seite. Haben Sie noch eine Frage an uns?"

Wie wichtig ist Ihnen unser Unternehmen und vor allem der von uns angebotene Job? So lautet der eigentliche Text dieser Frage. Ihr Fuß passt exakt in das Fettnäpfchen, wenn Sie sich an dieser Stelle, am Ende des Vorstellungsgesprächs, freuen, dass Sie es gleich überstanden haben und erleichtert bekunden, dass Sie keine Fragen mehr haben. Keine weiteren Fragen heißt: kein Interesse. Folglich ist es Ihr Job, sich im Vorfeld des Gesprächs noch einige Fragen auszudenken. Ich schreibe einige, denn selbstverständlich werden im Verlauf des Gesprächs Fragen durch die Erläuterungen des Personalers (Ich erzähle Ihnen zuerst einmal etwas über unser Unternehmen.) geklärt werden. Noch mal: Es ist unabdingbar, dass Sie Fragen auf diese Frage stellen müssen. Antworten Sie also beispielsweise:

„Mit wie vielen Kollegen werden ich denn dann im Team arbeiten?" „Planen Sie noch Expansionen in weitere Länder?" „Besteht die Möglichkeit von firmeninterner Weiterbildung?" „Kann ich innerhalb des Unternehmens irgendwann auch den Standort

wechseln?" „Ich beherrsche drei Sprachen. Ist Einsatz im Ausland denkbar?"

Denken Sie daran: Wer keine Frage hat, hat kein Interesse!

4.0 RAUM FÜR EIGENE NOTIZEN

Das habe ich mir gemerkt:

_____
_____
_____
_____

Das will ich künftig ändern:

_____
_____
_____
_____
_____
_____

Dann erreiche ich:

_____
_____
_____

Zu meinen Killerfragen gehören:

_____
_____
_____
_____
_____
_____
_____
_____

Meine Antworten lauten:

_____
_____
_____
_____
_____
_____
_____
_____
_____
_____
_____
_____
_____
_____

5.0 WIE WERTEN PERSONALER DAS GESPRÄCH AUS?

Zuerst einmal möchten Personaler ausschließen, dass Sie dem Unternehmen schaden können. Ja, Sie haben richtig gelesen. Steht zum Beispiel in Ihrem Arbeitszeugnis etwas von einer einvernehmlichen Kündigung können Sie davon ausgehen, dass die erste Frage im Vorstellungsgespräch darauf hin abzielen wird.

Warum ist denn das letzte Arbeitsverhältnis beendet worden. Jeder, wirklich jeder vermutet hier häufige Fehlzeiten wegen Krankheit oder ähnliches. Und: Wer will Mitarbeiter bezahlen, die nicht arbeiten? Wenn die Schadenfrage geklärt ist, kümmern sich die Personalentscheider um Ihr Äußeres. Sie überprüfen gemäß dem ersten Eindruck Ihr Erscheinungsbild und bewerten dieses. Hier spielt die Be-kleidung und deren Zustand sowie die Auswahl eine Rolle (Sie erinnern sich: der Mechatroniker im Nadelstreifenanzug...).

Dann geht es in der Bewertung um Ihre Art und Wei-se wie Sie sich präsentieren: Haben Sie gute Manieren und Umgangsformen oder sind Sie eher ein völlig blasierter Lackaffe, der immer alles besser weiß und kann und für den Höflichkeit ein Fremdwort ist? Einige Seiten zuvor habe ich ja an Sie appelliert, sich ausgiebig und tief schürfend auf das Gespräch vorzubereiten und viele Informationen über das Unternehmen einzuholen. Haben Sie diese, können Sie auch gezielte Fragen stellen, die nachweisen, dass Sie richtig vorbereitet sind. Genau das wissen Personaler besonders zu schätzen.

Vorbereitung ist alles und wer nicht vorbereitet erscheint, fällt durch das Bewertungsraster. Eben-so Pech hat, wer auf die Frage „Wo wollen Sie in fünf Jahren stehen?" keine gescheite Antwort parat hat. Derjenige vermittelt Planlosigkeit und lässt keinerlei Perspektive vermuten. Zeigen Sie, dass Sie wissen, was Sie wollen. Bekunden Sie, dass Sie regelrecht „brennen" für Ihre Karriere, hoch motiviert sind und mit Ehrgeiz an sämtliche Vorhaben herangehen. Hier ist der Moment, wo der Entscheider Ihre Begeisterung spüren möchte. Dann machen Sie Pluspunkte bei dem Personaler.

Unbedingt wissen wollen Ihre Gesprächspartner auch, ob Sie Ihre Bewerbung im Unternehmen begrün-den können. Führen Sie präzise Gründe für die Bewerbung auf genau diese Position an.

Zeigen Sie Interesse für den angestrebten Arbeitsplatz, die künftigen Aufgaben und die offerierte Stellenbeschreibung. Und bedenken Sie ebenfalls, dass ja meistens eine Einarbeitung erforderlich ist. Auch hier freut es Ihren Gesprächspartner, wenn Sie bereits Vorstellungen entwickelt haben, wie aus Ihrer Sicht die Einarbeitungszeit von statten gehen sollte.

Der gesamte Verlauf des Gesprächs zeigt, ob der Satz im Anschreiben „...mit meiner hohen Auffassungsgabe gelingt es mir leicht..." stimmt. Stellen Sie passende und schlaue Fragen, dann wird Ihr Gesprächspartner sein Häkchen an der richtigen Stelle machen und Sie als fähigen und geistig flexiblen Mitarbeiter einstufen. Anderenfalls...

Ich habe Ihnen bereits mehrfach nahegelegt, sich auch durch sprachliche Übungen auf Ihr kommendes Vorstellungsgespräch vorzubereiten. In meiner beruflichen Tätigkeit als Trainer spielt die Entwicklung und Förderung der kommunikativen Fähigkeiten eine wesentliche und über alles bedeutende Rolle. Hier komme ich nicht persönlich, sondern schriftlich mit diesem Buch zu Ihnen in die Westentasche. Kontrollieren kann ich rein gar nichts. Aber ich bitte Sie: Üben Sie nicht nur gedanklich, sondern laut und deutlich Ihre Antworten auf die möglichen Fragen im Vorstellungsgespräch. Üben Sie Ihren Vortrag auf die Frage „Erzählen Sie doch einmal etwas über sich!" Erstellen Sie zuerst schriftlich die spannende Dreiminutenstory über Ihr Leben und Ihre berufliche Karriere. Denn: Der Personaler wird Ihre Kommunikationsfähigkeit entsprechen bewerten. Zeigen Sie sich sprachgewandt und kontaktfreudig statt einsilbig und verschlossen, sind Sie einfach besser dran.

Und bedenken Sie dabei folgende Tatsachen: Das, was Sie können und wer Sie sind und auch wie Sie sind, steht Ihnen nicht auf die Stirn geschrieben. Sie müssen es erzählen, denn für Ihren Gesprächs-partner sind Sie ein völlig Fremder. Bekanntschaft machen kann er nur durch Kommunikation mit Ihnen. Also: Üben, üben und nochmals üben. Dann kann der Personaler bei der Beurteilung, ob die Gesprächsinitiative meist von Ihnen ausging, sein Häkchen an der richtigen Stelle machen.

Übrigens: Er möchte auch erfahren, ob Sie diskurs-fähig sind, ob er mit Ihnen ausgewogen diskutieren kann. Dabei überprüft jeder auch gleich die Standfestigkeit Ihrer Meinung. Sind Sie, vielleicht aus Furcht vor Ablehnung eher ein Fähnchen im Wind? Dann überprüfen Sie sofort, ob das der richtige Weg zum Ziel ist. Sicherlich nicht.

Nach all diesen Merkmalen ist der Personalentscheider in der Lage, eine erste Beurteilung und Einschätzung von Ihnen zu erstellen. Und was will er herausbekommen? Er möchte einfach erkunden, ob Sie der oder die Richtige für das Unternehmen sind. Alle, auch Sie, wollen wissen, ob es passt! Das ist der Sinn eines jeden Vorstellungsgesprächs.

6.0 DREI TAGE SPÄTER NACHFASSEN

Maximal drei Tage nach dem Vorstellungsgespräch sollten Sie eine simple Möglichkeit beim Schopfe fassen um sich von anderen Bewerbern maßgeblich zu unterscheiden: Sie fassen einfach schriftlich nach. Nicht per Mail, sondern per Brief.

Allerdings kommt dies nicht immer und für alle Bewerber in Frage. Wichtig und entscheidend dabei ist wie Ihr Gespräch gelaufen ist. Haben Sie auch Tage später noch ein gutes Bauchgefühl (worauf nicht Verlass ist, denn es ist nur Ihr persönlicher Eindruck) und schätzen Sie die Möglichkeit hoch ein, für die angebotene Stelle auserwählt zu werden, dann macht dieser Brief wirklich Sinn. Anderenfalls und vor allem wenn der Job nicht Ihre erste Wahl ist, lassen Sie es lieber bleiben.

Mit einem Nachfassbrief vermitteln Sie Ihre hohe Motivation im Unternehmen wirklich tätig zu wer-den. Sie fassen Ihre wichtigsten Highlights noch-mals zusammen, danken für das gute Gespräch und servieren noch weitere Pluspunkte, die für Sie als Kandidat sprechen. Wichtig ist: Ihr Nachfassbrief darf nicht schlechter sein als Ihr Gespräch. Mit fadem Text können Sie sich richtig etwas vermasseln – mit einem spannenden Brief aber noch ein Sahnehäubchen daraufsetzen.

Ungefähr so kann ein typischer Nachfassbrief aussehen:

Vorname Name – Straße xx – xxxxx Ort

Firma XXX

Straße XX

XXXXX Musterort

Musterstadt, 12.12.12

Sparen mit Erfolg: Unser Gespräch am xx.xx.xxxx

Sehr geehrter Herr Mustermann,

anregend und sehr interessant war unser Gespräch vom xx.xx.xxxx. Nun möchte ich die Gelegenheit nutzen und Ihnen meinen Dank für Ihre Zeit und Ihr Interesse an meinem Bewerberprofil zum Ausdruck bringen.

Verkaufstalent und hohe kommunikative Fähigkeiten spielen im Einzelhandel eine bedeutsame Rolle. Den viel zitierten Dienstleistungsgedanken auch wirklich zu leben, ist mir persönlich besonders wichtig. Durch meine Erfahrungen in allen Bereichen eines Kaufhausbetriebes bin ich vielfältig einsetzbar. Als erfahrene Führungskraft habe ich in meiner beruflichen Vergangenheit oft erfolgreich Verantwortung für Personal übernommen. Auch wenn meine mehrjährige freiberufliche Tätigkeit als Verkaufstrainer einen Bruch in meinem Angestelltenlebenslauf hinterlassen hat, habe ich dadurch aus fachlicher Sicht Erfahrungen und Wissen erarbeitet das ich sehr gerne in Ihrem Hause gewinnbringend einsetzen möchte.

In unserem Gespräch vergaß ich völlig darauf hinzuweisen, dass ich selbstverständlich die Personalschulungen übernehmen kann, da meine Kenntnisse diesbezüglich völlig aktuell sind und aus hohem persönlichen Interesse am Verkauf überhaupt durch Weiterbildung von mir stets auf den neuesten Stand gebracht werden. So erübrigen sich externe Ausbilder und Sie sparen buchstäblich mit Erfolg.

Ich freue mich auf eine Nachricht von Ihnen und verbleibe

mit freundlichem Gruß

Durch die Bank leider nicht auf alle Bewerber übertragbar sind diese Zeilen des Musternachfassbriefes. Allerdings können Sie für das Schreiben ihres eigenen Briefes diesen Ablauf gebrauchen und erfolgreich daraus lernen:

1. Bedanken Sie sich zuerst für die Zeit und das Interesse an Ihrer Person das der Gesprächspartner gezeigt hat.

2. Punkten Sie danach mit Ihren wichtigsten Stärken und Kenntnissen. Übertreiben Sie da-bei aber nicht, denn Sie sind für Ihren Gesprächspartner keine Unbekannter mehr.

3. Bescheiden bringen Sie ein kleines persönliches Manko ins Spiel (hier: die Freiberuflichkeit), das allerdings für die aktuelle Position, für die Sie sich beworben haben, gezielt ins Positive gerückt wird (hier: Er-weiterte Kenntnisse in Verkaufstheorie).

4. Zum Abschluss und vor der Verabschiedung er-wähnen Sie Belange und positive Horizonte, die sich dem Unternehmen erschließen, wenn sie Sie eingestellt haben. Es handelt sich dabei allerdings um Sachverhalte, die im Vorstellungsgespräch nicht aufs Tablett gekommen sind (hier: Sparen mit Erfolg).

5. Verabschiedung mit freundlichem Gruß

7.0 EINLADUNG ZUM ZWEITEN TERMIN

Fischen Sie Tage nach dem ersten Vorstellungsgespräch einen Brief mit der Einladung zum zweiten Termin aus dem Briefkasten, dann wissen Sie, dass der erste Termin wirklich so gut gelaufen ist wie es Ihnen Ihr Bauchgefühl mitgeteilt hat. Sie lesen das Schreiben zur Sicherheit gleich zweimal. Dort steht wie in Fels gemeißelt der Termin für Ihr nächstes Casting.

Das ist gut für Sie, genau genommen sogar sehr gut. Wer in die zweite Runde kommt, befindet sich auf der Zielgerade. Im Rennen sind sicherlich nicht mehr 20 Kandidaten sondern vielleicht nur noch sechs oder zehn. Was können Sie nun tun, um zu gewinnen?

Denken Sie an ein 400m-Rennen bei einer Leichtathletikweltmeisterschaft. Wie gelangen Sie auf die Überholspur? Genau: Wenn Sie schneller sind als Ihre Gegner. Gegner sind es im Bewerbungsprozess keine, sondern Mitbewerber. Um diese auszustechen, müssen Sie ebenso durchtrainiert sein, wie die Leichtathleten.

Gestern sprach ich mit einer weiblichen Küchenhilfe (!). Sie überstand bereits ein Gespräch mit drei Führungskräften eines renommierten Restaurants in der Hansestadt Lübeck. Dieses Unternehmen schickt ausgewählte Bewerber in die zweite Runde. Nur so am Rande bemerkt sei, dass dies bei Küchenhilfen nicht wirklich überall üblich ist. Ich bezeichnete diesen Umstand bei der Bewerberin als außergewöhnlich und als gutes Zeichen. Selbstverständlich für sie, weil sie eben eine Runde weitergekommen war und das erste Gespräch mit hoher Qualität absolviert hatte. Doch nun fragte sie, was denn beim zweiten Termin mit einer weiteren Führungskraft, denn auf der Tagesordnung stehen könne.

„Ganz sicher werden Sie nochmals zu Ihren beruflichen Erfahrungen befragt werden. Dieses Mal aller-dings noch intensiver als vorher. Bereiten Sie sich sorgfältig vor. Lassen Sie das erste Gespräch gedanklich noch einmal Revue passieren und überlegen Sie, welche Ihrer Stärken bisher noch nicht ausreichend zur Sprache gekommen sind. Formulieren Sie genau hier einen Vortrag, der die Führungskräfte überzeugt, dass Sie die richtige für das Unternehmen sind. Dass Sie passen!"

In die Hand gedrückt habe ich ihr noch eine Liste mit den üblichen Fragen im Bewerbergespräch, verbunden mit der Bitte, auch hier nochmals Antworten zu entwerfen. So wirkt sie absolut sattelfest und reagiert prompt. Ein Blick auf die Homepage des Restaurants zeigte, dass es sich um ein Traditionsunternehmen handelt, das schon lange am Platz ist. Hier empfahl ich der Bewerberin, sich abrufbare Kenntnisse über die Unternehmensgeschichte zu verschaffen. Außerdem servieren die Betreiber online die Speisekarte. Auch eine Küchenhilfe kann wissen, welche Spezialitäten auf den Tisch des Hauses kommen. Bringt sie diese fakten ins Gespräch, macht sie einen bestens vorbereiteten Ein-druck und vermittelt dem Gesprächspartner wie wichtig ihr die Mitarbeit im Betrieb ist. Sehr wichtig eben.

Werden Sie zum zweiten Termin eingeladen, formulieren Sie nochmals Ihre wirklichen Stärken. Und vor allem die, über die beim ersten Gespräch nicht gesprochen wurde.

Besonders hilfreich für Sie sind an dieser Stelle die Kenntnisse und Informationen aus dem ersten Gespräch. Bringen Sie sich selbst und all Ihre Kompetenzen in Einklang und in Übereinstimmung mit den Anforderungen an den Job, die ausgeschriebene Stelle. Schildern Sie sich so, als ob Sie bereits im Unternehmen arbeiten. Das wird Ihren Gesprächspartner sicherlich sehr gut gefallen und sie von Ihnen überzeugen.

Nutzen Sie dazu gleich diese Tabelle:

8.0 HIER STEHEN MEINE STÄRKEN FÜR DEN JOB

1.

2.

3.

4.

5.

6.

7.

8.

9.

10.

11.

12.

13.

14.

15.

16.

17.

9.0 VORSTELLUNGSGESPRÄCH IM RESTAURANT

Ja, im Restaurant! Sicherlich denken Sie jetzt „...ein bisschen spinnen tut er schon, der Michael Felske. Wer lädt mich denn zum Bewerbergespräch ins Restaurant zum Essen ein?"

Mit dieser Einschätzung liegen Sie in den meisten Fällen richtig. Allerdings kann es bei bestimmten Tätigkeiten und Jobs auch auf Etikette, gute Umgangsformen, feinste Erziehung und wohlfeile Ma-nieren ankommen. Und wo können Sie optimal zeigen wie genau man einen Stuhl bewegt und welches Glas für den roten Wein das richtige ist? Genau, im Restaurant. Folglich lohnt es sich für mich auch über dieses Thema einige Worte zu verlieren.

Treffen Sie Ihren Gesprächspartner im Restaurant und wartet er am Tisch auf Sie, dann hat er eine sehr gute Möglichkeit zu beobachten, wie sicher Sie sich durch den Raum bewegen. Wie gestalten Sie die Begrüßung und wie nehmen Sie am Tisch Platz. All das entgeht den meisten Personalern, wenn die Bewerber von der Sekretärin ins Büro geführt werden.

Sitzen Sie, dann ist als allererstes Smalltalk angesagt. Sie merken schon: Immer wieder taucht das Thema Kommunikation im Bewerbungsprozess auf. Das oberste Gebot für Sie in dieser Situation lautet: Locker bleiben. Gestalten Sie gemeinsam mit Ihrem Gegenüber eine angenehme Gesprächssituation, bei der es Ihnen leichtfällt, eine Beziehung zu ihm aufzubauen. Beginnen Sie Ihr Gespräch mit interessanten Belanglosigkeiten und finden Sie einen fließenden Übergang in ein persönliches Gespräch.

Zwischendurch taucht bestimmt der Kellner auf und will die Bestellung aufnehmen. Weil Sie ein cleverer Fuchs sind, haben Sie die Speisekarte schon daheim im Internet recherchiert und bereits Ihre Entscheidung getroffen. Kommunizieren Sie ruhig vermeintliche Stärken des Küchenchefs und bestellen Sie mit bestimmender Treffsicherheit das Gericht Ihrer Wahl. Ihr Gesprächspartner wird sich über Ihre Entscheidungsfreude und -geschwindigkeit erfreut zeigen. Schließlich sucht er ja selbstbewusste Mitarbeiter, oder?

Wenn Sie in Sachen Etikette unsicher sind und dies bisher nicht Ihre Welt war, dann hilft Ihnen entweder die schnelle Lektüre eines Crashkurses im Taschenbuchformat oder die digitalen Tipps der zahlreichen Internetangebote. Beispielhaft erwähnt sein soll hier die Homepage http://www.business-umgangsformen.com, die Ihnen ganz bestimmt in dieser Angelegenheit weiterhilft. Mit zahlreichen Übungen lernen Sie dort den richtigen Umgang, die Business-Etikette, in vier Kapiteln auf eingängige und unterhaltsame Art und Weise.

Derartig gestählt bereitet Ihnen der „Knigge" nun keine Probleme mehr und Sie können sich auf das Wesentliche konzentrieren. Das Wesentliche sind Sie und der Job. Bleiben Sie, auch wenn die Situation entspannt ist und Ihr Tisch von turtelnden Pärchen umzingelt sein sollte, sachlich und konzentriert. Verfallen Sie auf keinen Fall in Überheblichkeit. Und bitte: Tappen Sie nicht in die Vertrautheitsfalle. Wer beim Hauptgericht Privatheiten ausplaudert, die keinen Vorgesetzten jemals etwas angehen, der hat sich schon beim Dessert eigenständig aus dem Rennen geschossen.

Fazit: Nutzen Sie die sinnliche Atmosphäre und genießen Sie die Leistungen des Küchenchefs zu Ihrem Vorteil. Plaudern Sie leichtfüßig und argumentieren Sie gezielt und sachlich. Mit diesen Gewürzen machen Sie Ihrem Gesprächspartner Ihr persönliches Menü schmackhaft. Und darum geht es doch, oder?

10.0 VORSTELLUNGSGESPRÄCH ZU HAUSE

„Das geht ja gar nicht!", werden Sie sofort laut ausrufen. „Wie es bei mir daheim aussieht, das geht nun wirklich niemanden etwas an!"

Und schon nicke ich zweimal zustimmend. Allerdings kommt derartiges manchmal vor. Ganz besonders im Sektor Versicherungen und Finanzdienstleistungen. Besonders eiskalt erwischt hat es einen meiner Bewerber, der den Ablauf folgendermaßen schildert: „Eine Woche nach Absendung meiner Bewerbungs-E-Mail bekam ich einen Anruf von einem Mitarbeiter der XXX-Versicherung. Es war der örtliche Niederlassungsleiter. Er bedankte sich bei mir für die informative Bewerbung und teilte mir mit, dass ich in die engere Auswahl gekommen sei. Mein Herz klopfte vor Freude bis zum Hals. Dann erklärte er mir, ich hätte doch sicherlich Verständnis, dass er mich näher kennen lernen möchte. Sicher, klar, verstehe ich waren meine Antworten, noch ganz verschossen in die Idee, dass es mit dem Job klappen könnte. „Genau", meinte er und aus diesem Grunde wolle er mich am kommenden Montag daheim besuchen. Auf die Frage, ob das für mich in Ordnung sei, folgte mein leises Ja.

Der komplette Sonntag ging für den Haushalt drauf. Als Single achte ich nicht immer so sehr darauf, dass es bei mir so aussieht wie in den professionell dekorierten

Schaufenstern des KADEWE in Berlin. Aber man tut ja, was man kann.

Am Tag der Tage stand mein avisierter Gesprächspartner völlig pünktlich vor der Tür. Es gab starken Kaffee und süße Madeleines. Das gesamte Gespräch verlief persönlicher und lockerer als ich es von herkömmlichen Gesprächen in den Geschäftsräumen in Erinnerung hatte. Mein Gesprächs-partner lobte mich für meinen guten Geschmack, was die Deko meiner Wohnung anging. So sorgte er für ein gutes Gesprächsklima. Auf dem Weg zur Toilette sah er sich bestimmt nach den anderen Räumen meiner Wohnung um. Aber ich hatte alles ja in einem Top- Zustand. Mein Vorgesetzter in spe ging nach zwei Stunden mit dem Vermerk, dass er von mir und meinen Kompetenzen äußerst angetan sei und dies umgehen seinem Vorgesetzten mitteilen werde."

Soweit die Schilderungen meines Bewerbers. Was er in diesem Moment noch nicht wusste, war dass der Vorgesetzte des Vorgesetzten auch noch ein Gespräch in der Wohnung des Bewerbers forderte und darauf noch ein Gespräch im Büro der Versicherung erfolgte, bis mein Bewerber letztendlich nach einer echten Vorstellungsrunden-Odyssee seinen heißersehnten Arbeitsvertrag erhielt.

Wenn Sie sich auf ein Gespräch in Ihren eigenen vier Wänden einlassen (müssen), weil Sie den Job unbedingt ergattern wollen, dann gelten für Sie die gleichen

Richtlinien wie beim Vorstellungsgespräch im Restaurant. Bloß ist allen klar, dass beim Termin daheim noch viel mehr Informationen über Sie und Ihre Gewohnheiten, Stärken und auch Schwächen vermittelt werden. Nicht nur Sie und Ihre Bekleidung nebst Accessoires geben Daten weiter, sondern eben auch Ihre Möbel, Fußboden, Dekorationen, Bilder und vor allem der Gesamteindruck Ihres Wohnumfeldes.

Gut auf den Besuch vorbereitet zu sein, d.h. Snack und Getränke griffbereit zu haben, ist in dieser Situation selbstverständlich. Hier vermitteln Sie wie wichtig Ihnen das Gespräch und der Job ist. Ihre Bekleidung darf nicht casual sein – Hausanzug geht gar nicht. Wählen Sie Ihre Bekleidung genau so wie beim Gesprächstermin im Büro des Unternehmens. Und nutzen Sie die lockere Atmosphäre zu Ihrem Vorteil.

11.0 HAFTUNGSAUSSCHLUSS

Verlag und Autor übernehmen keinerlei Haftung für Schäden, die sich durch das Befolgen der Hinweise gemäß dieses Buches ergeben. Ferne erklären wir, dass wir keine Haftung für Schäden oder Folgeschäden übernehmen, die direkt oder indirekt durch die Verwendung der Hinweise dieses Buches entstehen. Ferner übernehmen wir keine Garantie auf Erfolg!